JN079312

鷹と将軍

徳川社会の贈答システム

岡崎寛徳

吉川弘文館

目　次

はじめに——将軍家慶が井伊直弼に与えた鷹

将軍直々の言葉

嘉永四年（一八五一）五月十五日、井伊直弼（なおすけ）は将軍徳川家慶（いえよし）から刀・鷹・馬を拝領した。その際、直々に言葉をかけられている。

直弼は周知の通り、幕府の大老をつとめた人物であるが、当時はまだその任に就いていない。大老就任は安政五年（一八五八）四月であり、第十三代の彦根藩主として拝領したわけである。

一方の家慶は第十二代の将軍にあたる。家斉の後を継いで将軍に就任したのは天保八年（一八三七）で、老中水野忠邦による天保改革も、オランダの開国勧告も、ペリーの浦賀来航も、家慶の時代であった。

では、なぜ直弼は家慶から刀・鷹・馬を拝領したのであろうか。答えは、帰国の餞別である。江戸幕府は諸大名に参勤交代を命じ、一年おきに江戸（在府）と国元（在国）を往復させた。ただし、すべての大名が一年おきであったのではなく、松前藩は六年、対馬藩は三年、関東周辺の諸藩は半年という差があった。さらに、江戸・国元を往復するのは藩主のみで、その妻子は原則として江戸に居住させていた。こうした参勤交代は、当初は諸大名が家康に忠誠を誓うことを示すため、自主的に妻子を江戸に居住させたことに始まるが、次第に制度化され、幕府が法令を発布して強制的に行うようになっていく。いわば幕府政治システムの根幹制度の一つであった。

その帰国の際に、直弼は家慶から餞別品を拝領したのである。しかも、直弼にとっては藩主就任後、初めての彦根への帰国であった。前藩主の直亮（なおあき）は実男子に恵まれず、嘉永三年九月二十八日に死去した。そこで、弟にあたる直弼が井伊家の家督を相続することとなり、同年十一月二十一日に幕府から承認された。

その翌年、新藩主としての初帰国を経験し、以後、江戸と彦根を隔年で往復することになったのである。ただし、大老就任後は江戸に常駐しているので、藩主時代における直弼の帰国は四回を数えるに過ぎない(1)。

初めての帰国が命じられた嘉永四年五月十五日、江戸城に登城した直弼は、将軍家慶の御目見を受けた。以下、そこでの会話を示そう。「　」内は史料文言、（　）内は現代語訳である。

①家慶「夫江」（それへ）

②直弼は座したまま少し前に進み出る

③家慶「在所江之暇遣ス、緩々休息致シ候様ニ、道具ヲ」

（在所彦根へ帰る暇を与える。ゆっくり休息するように。道具を与えよう）

④直弼は刀を受け取り、最初の位置まで下がる

⑤家慶「鷹・馬ヲ」（鷹と馬を与えよう）

⑥直弼「初而在所江之御暇被下、拝領物仕有難、益御機嫌能被遊御座候様ニ」

（初めて在所への御暇を下さり、また拝領物をもいただき、誠にありがとうございます。将軍様には益々御機嫌よくあらせられますように）

このように、家慶は直弼に帰国を命じ、餞別の道具としてまず刀を、次いで鷹と馬を与えた。直弼は感謝の意を述べながら拝領し、御礼と挨拶を行っている。

同日、直弼はその後に西丸へも登城し、「右大将様」すなわち家慶嫡子家定の御目見を得た。そこでは家定から巻物を拝領している。直弼は初帰国に際し、刀・鷹・馬を家慶から、巻物を家定から与えられ、それぞれ直々の言葉をかけられたのである。

以上のことは、彦根城博物館所蔵の「井伊家文書」に書き留められている。(2) 鷹や馬は「例格之御品」と記されており、恒例の拝領物であった。また、当日の流れを記した「式書」とともに、拝領物の授受場所が明記された「席図」も添付されており、直弼の具体的な動きが判明する。

それらによると、直弼は御目見後、老中への挨拶回りをしてから帰宅した。老中に対して、「今日、御前において上意を賜り、国元への御暇を下さった際、『御腰物幷御鷹・御馬』を拝領したこと、ありがたく存じます」と述べている。

「鷹」と「御鷹」

ここで注視したいことがある。一点目は、刀や馬とともに鷹を拝領したこと、二点目は、家慶が「鷹・馬」としているのに対して直弼は「御鷹・御馬」と表現していることである。

江戸時代において、原則として帯刀を認められていたのは武士だけであった。その意味で、刀は武士の象徴であったといえるだろう。

また、馬（農耕用の馬を除く）も同様で、誰もが騎乗を許されていたのではなく、一定の幕府役職に就いている者や諸大名などに限定されていた。つまり、全ての武士が馬を所持していたわけではない。その中でも、将軍から馬を拝領することができたのは、ごく限られた者のみであった。

それらに加えて、直弼は鷹も拝領した。専門的な技術を習得した鷹匠でなければ、自然で生まれ育った鷹を飼育することはできない。そのため、専門技能を持つ鷹匠を抱えることのできる者しか鷹の所持は不可能であり、将軍や大名・大身旗本に限られることとなる。しかも、将軍から鷹を拝領できたのは井伊家を始め数家に限られていた。鷹拝領は非常に誉れ高きことであったが、将軍と大名の間で行われた鷹の授受については、追々見ていくこととしよう。

二点目の表現についてであるが、家慶が直弼に与える際には「鷹・馬ヲ」と述べている。一方、直弼は老中への挨拶時にいずれも「御」をつけ、「御鷹・御馬」とした。「御」は家慶に対して敬意を表した言葉である。直弼は家慶が所持していた「鷹・馬」を拝領したのであり、家慶が将軍であればこそ「御鷹・御馬」とされ、将軍の所持品に「御」字が付けられたのである。

本書のテーマは〝鷹と将軍〟についてであるが、実はこの「鷹」と「御鷹」には明確な差異が設けられていた。

彦根藩井伊家では、将軍から拝領した「御鷹」と、諸大名から進呈された「鷹」とを所持していた。贈られた相手によって「御」字を付すか付さないかという差があり、明確に将軍からの鷹の方が格上に位置づけられていたのである。そして、将軍から「御馬」を拝領することができた者よりも、「御鷹」を拝領し得た者の方が数少なく、両方を与えられることは非常に名誉なことであり、その一人が彦根藩井伊家の当主であった。

さらにもう一点、その「御鷹」拝領が帰国時であったことにも注意したい。江戸を離れる際に餞別品として渡されたのには、国元で鷹狩などをしながら休息するようにという、慰労の意味が込められていた。拝領した側にとっては、その「御鷹」を持ち帰って鷹狩をしなければならないという義務的行為が派生したが、帰国時以外で「御鷹」を拝領することはめったになく、帰国と拝領とがセットになっていたのである。

井伊家の歴代当主は、江戸に常駐する大老就任期間を除き、毎回の帰国時に将軍から鷹を与えられていた。隔年で江戸と彦根を往復しているので、原則として二年に一度の割合で拝領したことになる。そして、拝領したその鷹を帰国の行列に加え（後日の場合もある）、藩主とともに彦根入りしたのである。

直弼が藩主に就任して、初めての帰国が許された一年後、嘉永五年五月十五日に今度は初めての江戸への参勤を行った。

続いて、その一年後の嘉永六年五月十五日、直弼は家慶から二度目の帰国が許可された。この時も初帰国同様のやりとりがあり、再び直弼は拝領物を与えられた。しかし、初回と異なり、二度目の場合は、刀の拝領はなく、鷹・馬のみであった。これは直弼に限らず、井伊家の毎度の帰国時には鷹・馬を拝領したが、初めての時はそれに刀も加えられている。

帰国時に鷹を拝領した大名は数少ないが、それは刀も同様であった。誰でも拝領できたわけではないのである。当時は祝儀事の贈答品に刀が用いられることがあり、藩主就任まで江戸で過ごし続けた大名にとって、初めての帰国は最もめでたい祝儀事の一つであったといえる。国元では「御国入り」として盛大な歓迎や祝宴も催された。すなわち、帰国に際し、慰労として鷹や馬が与えられたが、初帰国の場合はそれに加えて祝儀の象徴として、また治国を命ずる象徴として刀も与えられたと考えられる。

そして、直弼は彦根へと帰国したが、直後の六月二十二日、将軍家慶が死去した。そのため、直弼が家慶と対面したのは、二回目の拝領日が最後となった。

「御鷹」の拝領

直弼が鷹と馬を受け取った嘉永四年（一八五一）の場面に戻ろう。実は、直弼に与えられた拝領物の内、鷹と馬は家慶の目の前で渡されたのではなかった。対面時に渡されたのは目録のみである。鷹と馬の現物は、直弼が井伊家の江戸上屋敷に戻ってからのことで、当時の上屋敷は桜田（現東京都千代田区）にあった。

まず馬について。(3)老中牧野忠雅の家臣が、井伊家の留守居に対し、牧野の屋敷で渡すという手紙を差し出した。また、幕府馬預の諏訪部八十郎も別途、井伊家の用人へ、諏訪部が直弼「御拝領之御馬」を預かっており、それを牧野屋敷へ牽いていく手筈になっている旨を伝えた。これらの指示通り、直弼は家臣を派遣し、家慶から与えられた「御馬」を牧野の屋敷で受け取った。その「御馬」は六歳の「三春黒鹿毛」で、陸奥三春の産であった。

次に、鷹について。(4)馬は老中と馬預が関与していたが、鷹の場合は若年寄と鷹匠頭であった。嘉永四年時の鷹拝領の場合、国元への御暇が許された直弼は屋敷に戻ったが、「御暇ニ付被下候御鷹可相渡候間、今晩八時、大岡主膳正宅江、家来可差越候事」と記された書付が渡された。幕府若年寄をつとめていた大岡忠固の屋敷で鷹を受け取ることとなり、家臣を遣わすようにとされている。

そして、その大岡宅で鷹を受け取っているが、目録も同時に渡された。目録によると、「雁捉　西山本」と「鴨捉　名取」という鷹で、前者は「内山七兵衛組」の大原林平が預かっており、「酉十一月十六日」に「佐竹次郎」が献上したものであった。後者は「戸田久助・戸田五介組」の岩間翁助が担当で、かつて「松平陸奥守」が「酉十月十五日」に将軍へ献上した鷹であった。

いずれも、幕府・彦根藩双方に、専門的知識・技術を要する鷹匠が存在するからこそ可能な贈答行為であったといえよう。

幕府は特に多くの鷹匠を抱えていたが、彼らはいずれも旗本・御家人という武士身分であった。鷹を扱うことで将軍に奉仕したのであり、その特殊な技術を学び、後代に引き継いでいくという重要な役割があった。親子・兄弟で鷹匠の家を世襲する者も多い。

一方、全国すべての藩とは断定できないが、鷹匠を抱える藩も多数存在した。彼らも武士であり、鷹を専門的に扱う藩士として藩主に仕えた。

すなわち、鷹匠は幕府や諸藩に雇用された武士であった。そのため、専門技術は公的に保証され、長きにわたり継承された。その反面、幕府・諸藩の都合により削減・廃止されることもあった。その場合は解雇ではなく、別の役職への異動という措置がとられている。

こうして、直弼は「雁捉」と「鴨捉」という鷹を拝領した。「雁捉」「鴨捉」や「内山七兵衛」「戸田久助・戸田五介」、あるいは「佐竹次郎」「松平陸奥守」などは、鷹を基軸としながら将軍と大名の関係を見ていく本書にとってのキーワードでもある。

以下、本書では、家康の鷹狩から話を始め、井伊家が家康から拝領した鷹場について述べ（第一章）、家慶と直弼の関係を事例に取り上げたような、将軍・大名間の鷹贈答を取り上げる（第二章）。また、綱吉と吉宗の鷹狩を対比し、鷹狩最大の醍醐味である鶴捕獲の状況をとらえ（第三章）、将軍の鷹狩を支えた若年寄や鷹匠の動向に注目する（第四章）。

鷹狩は狩猟の一形態で、古代から続く伝統的な行為である。猛禽類に属す野生の鷹を飼い馴らすことは至難の業であり、野外での鷹狩に備えて、一年中昼夜を問わず飼育する必要があるため、専門的な職能を持つ鷹匠が生まれ、その特殊な技芸が後代に継承された。

この鷹狩、鷹匠、そして鷹そのものも、時の為政者の動向と密接に絡んでいた。古代では天皇・公家や豪族、中世では武家、本書で扱う近世では将軍や大名が鷹狩を行っていた。彼ら為政者は、そうした伝統文化・技芸を保護し、巣鷹山や狩場などの自然環境の維持にもつとめた。個人が鷹狩のみで生業を成り立たせていくのは容易ではなく、為政者の保護なくして継承されることは困難であったと思われる。

すなわち、鷹狩という伝統文化の継承は、為政者の存在と切り離しては考えられず、特に近世の場合は、その政治・支配に大いに利用された。伝統文化と政治体制の不可分な関係は、茶道や絵画などにも見られることだが、鷹狩も同様であった。〝鷹と将軍〟にまつわる多様な視点から、江戸時代・徳川社会を描出してみよう。

論拠として扱う主な史料は、弘前藩津軽家文書、彦根藩井伊家文書、幕府鷹匠同心や若年寄の日記などである。大名家や幕府役人が書き留めた（体験・体感した）記録の分析を通じて、鷹をめぐる江戸時代の政治社会史を描くことができればと思う[5]。

なお、本書では中世以前や近代以降、あるいは鷹狩の技術などについてはほとんど触れていない。近世の鷹と将軍と大名の関係を中心に述べることをあらかじめ断っておきたい。

註

（1）朝尾直弘編『譜代大名井伊家の儀礼』（彦根城博物館、二〇〇四年）巻末の「井伊家歴代の居場所」。

（2）彦根城博物館所蔵「井伊家文書」六一六一。

（3）「井伊家文書」二四八六九。

（4）「井伊家文書」二四八六八。

（5）拙著『近世武家社会の儀礼と交際』（校倉書房、二〇〇六年）やこれまで発表してきた数編の論文を、本書の基盤としている。

第一章　家康と鷹狩

1　無類の鷹狩好き

鷹狩の普及

鹿や猪や兎を捕獲する狩猟は、それぞれ鹿狩・猪狩・兎狩という。それに対して、同じ○○狩でも、鷹狩の場合は、鷹を捕獲するのではなく、飼い馴らした鷹を使用して、鳥や小動物を捕獲する狩猟を意味する。自然界で生まれた鷹を、ヒナの段階で捕獲し、鷹狩に適するように鷹匠が育て上げる。野を回って訓練を繰り返し、本番に備えるわけだが、この本番とは将軍や大名による鷹狩であり、放つ直前に鷹匠から渡された鷹を、将軍らが自ら放って獲物をとるのである。鷹狩の同義語に、放鷹(ほうよう)や鷹野(たかの)があるが、本書では一貫して鷹狩という語を用いる(1)。

そもそも、日本に鷹狩の技術が伝来したのは、応神天皇や仁徳天皇の時代とされている。その高度な狩猟技術は、中央アジア地域で発生し、世界的に普及していったという。他の学問・技術・文化同様、日本へは中国大陸から朝鮮半島を経由して伝わった。

そして、古代日本においては、天皇・皇族・豪族の間で広まった。鷹や鷹匠を抱えられるだけの財力などを有していなければ、鷹狩の継続的な遂行は不可能だったからである。仁徳天皇の時代には「鷹甘部」と呼ばれる専門職が設置されるなど、狩猟技術の伝来と専門技術者の発達は不可分の関係にあった。

狩猟場は「禁野」と称される禁猟区に設定された。そこでは、鷹狩に限らず、特別に認められた者以外の狩猟は禁止となった。近世の鷹場も同様である。

また、天皇や皇族は畿内地域を中心に鷹狩を始めとする狩猟を行っていた。しかし、鷹狩の普及は畿内に留まらなかった。例えば、上野国（現群馬県）の古墳からは鷹匠の埴輪が出土している。これは関東地域にも鷹狩の技術が広まっていたことの証左となる。

奈良時代には、仏教の興隆に伴い、殺生禁断の思想から鷹狩が一時期禁止されたが、平安時代になると再び鷹狩が広く行われるようになっていった。

なかでも、鷹狩を非常に好み、精通していたことで知られるのが、嵯峨天皇である。平安時代初期、大同四年（八〇九）から弘仁十四年（八二三）まで在位した嵯峨天皇は、『新修鷹経』を勅撰させるほどの鷹狩好きであった。これは最古の鷹狩技法書といわれ、後代に長く読み継がれている。鷹狩愛好者の嵯峨天皇による、鷹関係書籍のベストセラーとでもいい得ようか。

やがて武士が台頭してくると、鷹狩は中央・地方の武士団にも伝播し、武芸としても定着していく。鎌倉幕府や室町幕府はたびたび鷹狩を禁止する法令を出し、私的な鷹狩を禁止し、権限の独占をはかった。しかし、遵守されなかったようで、全国の多くの武士が鷹狩を行っていた。

中世も古代同様、鷹狩の伝統文化・技術を保護し、巣鷹山や狩場などの自然環境の保全が維持された。鷹狩のみで生業を成り立たせていくのは容易なことではなく、為政者や権力者の保護・維持なくして継承していくことが困難であることにかわりはなかった。鷹狩は為政者・権力者の間で連綿と普及・継承された。

戦国大名も鷹狩を行っている。陸奥の伊達や越後の上杉は、領内で捕獲した鷹を贈答品として他家に進呈した。相模小田原の北条氏政・氏康などは、奥羽の大名から鷹を贈られている。また、甲斐の武田、越前の朝倉、土佐の長曾我部は、家臣の鷹狩を規制したという事例がある。鷹狩の権限は当主に帰属するという方向が目指されたのである。

織田信長や豊臣秀吉も、鷹狩に興じていたことが知られている。信長の場合、京都の東山や北野、近江の安土、三河の吉良などで鷹狩を実施した。秀吉も三河吉良において、大規模な鷹狩を行っている。この信長や秀吉には、松前・津軽・秋田・最上あるいは島津といった諸大名が鷹を贈っている。

時代の為政者・権力者たちが鷹狩を好んだわけだが、その勇壮さとともに、伝統技芸としての難解さや奥深さなどが愛好され続けた理由であろう。茶道・華道・香道、奏楽・能楽や舞踊をたしなむのに近く、武芸の一種でもあった。

こうした流れが、徳川家康へと向かうこととなる。

鷹狩三昧の日々

家康は鷹好き・鷹狩通であった。東海地域を領有していた時代には、その領内で鷹狩を行っていた。家康の家臣である松平家忠（いえただ）による日記などから、それが判明する。(2)

天正十八年（一五九〇）、全国統治を目指す豊臣秀吉が小田原の北条氏政・氏直を滅ぼすと、家康は秀吉の命により、東海から関東へ国替となった。東海地域時代は三河岡崎・遠江浜松・駿河府中（駿府）と、東へ本拠を移し、さらに東に位置する関東入国に伴い、江戸を新たな拠点に定めた。

それから十三年後、家康は将軍に就任する。この関東領有時代も、その領内で鷹狩をしばしば行っている。例えば、「当代記」(3)によると、関ヶ原合戦から一年後の慶長六年（一六〇一）閏十一月九日、家康は江戸を出立し、武蔵の忍（おし）（現埼玉県行田市）・川越へ鷹狩に出かけた。二十八日に江戸へ帰ったが、翌十二月四日には再び鷹狩目的で武蔵岩槻へ向かっている。

そして、家康は将軍をわずか二年で辞任し、慶長十年に隠居、「大御所」となる。慶長十二年に自らの本拠を駿府に移すと、鷹狩実施の頻度はさらに増していく。この時の家康は六十六歳で、それから元和二年（一六一六）までの九年間は鷹狩三昧の日々であった。

慶長十六年を事例として、家康の鷹狩先を追ってみることにしよう。

まず、駿府に滞在中の家康は、一月七日に鷹狩のため遠江へ向かい、九日に榛原郡で鷹狩を行っている（「当代記」）。

同年九月二十四日、駿府近辺で「御初鷹野」（鷹狩は通常、九、十月頃から翌年一、二月頃にかけて行う）を行った家康は、鴨四羽を捕獲し、その料理を「近習衆」に与えている（以下、「駿府記」[4]）。

十月六日になると、家康は駿府を出立し、鷹狩のため関東へ赴いた。本多正純・安藤直次・成瀬正成らが供奉しており、その道中でも鷹狩を繰り返している。十月九日には、小田原城主の大久保忠隣を召し出し、当年は雁や白鳥が多いかどうかを尋ねた。大久保は特に多いとの返答をしている。十月二十一・二十三日には、江戸近辺で鷹狩を行い、鶴や雁などを数多く捕獲している。同月二十六日、家康は鷹狩のため戸田へ、二十九日には川越へ渡り、十一月一日から四日まで、ここで連日の鷹狩を行った。

さらに家康は、十一月五日に川越から「忍之御鷹場」へ到着した。江戸の将軍秀忠は、土井利勝を使者として家康のもとへ派遣している。この忍は家康お気に入りの鷹場であったようで、十一月十三日まで滞在した。そこから武蔵の川越・府中・稲毛（現川崎市）を経て、神奈川・藤沢・中原・小田原・三島を経由し、同月二十三日に駿府へ戻った。

つまり、駿府への帰路は江戸に立ち寄らなかったのである。しかも、その路次においても鷹狩を繰り返しており、一ヵ月半にわたり、関東各所で鷹狩を行っていた。加えて、十二月には駿府近辺で鷹狩を繰り返した。十二月一・四・八・十・十五・十六・十八・二十・二十一日と、三日に一度の割合で、その場所は駿府近辺もしくは駿河田中であった。

このように、家康は関東・東海地域の各所で鷹狩を行った。それは慶長十六年に限ったことではない。また、おおよそ同じ地域での実施が多い。具体的にいえば、関東では江戸近郊の葛西、武蔵の川越・越谷・忍・府中・稲毛、相模の中原であり、東海では駿河の駿府・田中、遠江の中泉、三河の吉良といった場所であった。

そして、これらの場所へ鷹狩を目的として直接赴くこともあれば、別の用事のために駿府を出立した際、その道中で鷹狩を行うこともあった。広域的に見れば関東・東海地域が鷹場であるが、実質的には川越・忍や吉良など、長期滞在する鷹場は限定されていたのである。

鶴に喜悦

鷹狩を好んでいるからこそ、家康はそれに喜びや楽しみを感じ、一方で怒りや哀しみを覚えることもあった。

まず、「当代記」と「駿府記」から、喜悦する家康の姿を拾い上げてみよう。

先に「当代記」に注目すると、慶長十三年（一六〇八）九月、家康は駿府からにわかに関東へ下るが、往路は江戸に寄らず、方々で鷹狩を行った。秀忠は武蔵府中に駆け付け、そこで家康と対面している。この関東滞在は長期におよび、十二月二日に江戸を出立し、駿府に戻ったのは同月八日であった。その関東下向期間において、家康は鷹狩で「白鳥一つ鶴六十取、雁鴨は不知其数」という獲物を得た。白鳥や鶴は非常に重視されていたため、これは大きな成果であったといえよう。

関東だけではない。慶長十五年一月九日、家康は駿府を出て、鷹狩を行うため駿河田中へ向かった。それから尾張名古屋城の普請を巡回するため、西へと進んだが、同年二月四日に駿府へ帰城した。およそ一ヵ月間の外出であったが、この間に鶴を三十六捕獲したという。大型の鳥である鶴を捕獲することは鷹狩の主目的であり、関東でも東海でも、それを多数捕まえることができた。

慶長十七年閏十月二十日の事例も面白い。江戸を出立した家康は、関東方々で鷹狩を行ったところ、鶴や雁を「無際限」く捕獲することができた。なかでも、忍においては鷹が白鳥を捕まえた。そこで家康は「快気」、非常に喜悦したという。家康が江戸に戻ったのは十一月二十六日のことで、一ヵ月間におよぶ鷹狩巡回は大成果を上げたのである。

次に、「駿府記」の記事を見よう。特に慶長十六年の関東方々における鷹狩では、喜悦することが続いた。

まず、十月十五日、神奈川から稲毛に向かう途中、鷹狩を行い、「白御鷹」が初めて真鶴を捕まえた。家康は「御気色快然」であったという。

十一月十三日には、家康と秀忠が川越で「御対面」している。それまで家康は忍、一方の秀忠は鴻巣と、それぞれ別の場所で鷹狩をするために滞在していたが、この日に双方が川越に向かったのである。もちろん、事前に打ち合わせてのことであろう。

しかも、その夜、上野国の新田に赴いていた土井利勝が、家康・秀忠のいる川越に到着した。そして、「義重義貞之菩提所、昔之旧跡」が新田に残されていることを確認した利勝は、それを言上した。源氏の新田義重を徳川家の祖として位置づけているためで、これを聞いた家康は「御気色快然」と、非常に喜んでいた。なお、「御当家紀年録(5)」によると、同月九日の「武州忍御放鷹之時」、家康は「御先祖源義重菩提所」として新田に寺院を建立することを企図したことが記されている。

さて、「駿府記」によると、同月十六日、鷹狩で鶴・雁・鴨を数多く捕獲しながら、家康は稲毛から神奈川に到着した。駿府へ向かうためであるが、秀忠も江戸からこの神奈川に渡御し、そこで「御対面」して御暇を伝えた。その際、秀忠は「白兄鷹幷鵅」を家康に贈っているが、いずれも「逸物」であった。そして、両者は「御鷹之御雑談」を交わし、家康は駿府へ、秀忠は江戸へと戻った。

同月十九日、家康は相模中原に到着する。この日も鷹狩を行っており、「若鷹」が初めて白鳥を捕獲したため、「御気色快然」であったという。

また、慶長十七年二月四日、家康は遠江の中泉に到着した。ここに江戸の秀忠から使者が送られている。「大御所御機嫌之好悪」を尋ねる使者が度々来訪していくことに、家康は甚だ感じ入ったと記されている。

さらに、慶長十八年十一月二十六日、それまで葛西・戸田・川越・忍・越谷で鷹狩を繰り返した家康は、葛西まで戻ってきた。なかでも越谷では鶴十九を捕まえることができたため、「御気色甚快然」という状況であった。

そして、十二月三日に江戸を出立し、そのまま駿府へ帰る予定であったが、同月十三日、家康は相模中原から俄に江戸へ舞い戻っている。これは、いまだ鷹狩に使用していない鷹が多数あり、その鷹を使って翌年一月に上総の土気（とけ）（現千葉市）や東金で鷹狩を行うためであった。その予定変更の知らせを受けた秀忠は、武蔵の小杉で家康を迎えている。

慶長十九年一月七日、家康は「とけとうかね」へ鷹狩に向かい、十八日に江戸へ戻った。この間、鶴を多数捕獲することができた。しかし、「当代記」によると、毎度鷹が鶴に踏まれ、十三居が手負いとなってしまった。また、前年の九月十七日に駿府を出立してから、この日に至るまで、家康は百二十五という数の鶴（この内、白鳥が八）を鷹狩で捕まえたという。

一方、「駿府記」は、この上総東金における鷹狩について、一月九日に「東金渡御、於路次鶴四令摯給、此所形地甚叶御意」と記す。早速、鶴を捕獲する成果を上げ、家康は東金が「甚叶御意」という「形地」であるとした。忍や越谷同様に、東金も家康お気に入りの鷹場となったのである。ここでの鷹狩は連日行われており、十日に鶴五・雁十八、十一日に鶴六・雁十六、十二日に鶴三を鷹で捕まえている。

不正者を処分

次に、鷹をめぐって激怒したり、悲哀にくれる家康の姿を取り上げよう。

まず「当代記」によると、慶長九年（一六〇四）十一・十二月頃として、「将軍大鷹多落る、大方六七十居もをつるか、尾州苅屋辺の鷹も同前」ということが記されている。家康の所持する大鷹の多くが死去してしまったのである。しかも、六、七十居を数えるほどであった。これは江戸の鷹部屋で飼っていた鷹と思われるが、「尾州苅屋辺」で確保していた鷹も同様な事態に陥ったという。天候の不順などが原因と思われるが、これほど多くの鷹を失ったことに驚き悲しんだであろう。

こうした多数の鷹が死去するのは、たびたびのことであった。慶長十二年、「高麗人」が「大鷹五十本」などを持参して、江戸に到着した。五月六日に「高麗人」は江戸城に出仕したが、すでに将軍家へ渡すはずの「大鷹五十羽」は「過半失す」という状況であった。朝鮮半島から江戸に至る道中で大半が死去したのである。

松前藩の献上鷹も同様である。慶長十五年、松前藩は「大鷹十六居」を江戸まで運んできた。ところが、十三居が死去し、わずか三居が残るばかりであった。また、武州忍や遠州中泉の「鳥屋」（鷹部屋）に入れていた大鷹も多く損じてしまった。そこで、幕府の鷹師は、家康の「勘当」を蒙ったという。度重なる事態に、家康は管理不行届の鷹匠に激怒したのである。

また、家康は多くの鷹の中にも、秘蔵の鷹を所持していた。しかし、慶長十五年十二月十三日、鷹狩へ出向いた際に「秘蔵の大鷹」を見失ってしまったという。

同様に、「駿府記」にも激怒する家康の姿を見出すことができる。

慶長十六年十二月一日、家康は駿府近辺で鷹狩を行った。しかし、田面に水がたまっていたため「御気色」、すなわち家康の勘気に触れることとなった。そこで、その名主十余人が禁獄処分を受けている。これは、毎年刈田をした後、田の水は引くようにとの触れをしたにもかかわらず、その「御意」に背いたためであった。

慶長十八年の場合は、とりわけ鷹狩先で直訴を受けることが度々あった。

九月二十日、家康は三島に到着したが、浮島原辺りで「伊豆銀山之者目安指上」があった。大久保石見守長安（ながやす）の悪名ぶりを家康に訴えるという内容である。長安は幕府直轄の金銀山開発を担当した人物で、同年四月二十五日に死去していた。しかし、家康は「伊豆銀山之者」が長安の存命中に上訴することがなく、死去した後に訴えるのは甚だ「御意」にかなわないとした。

十一月十八日には、忍近辺で鷹狩をした際、その路次において百姓が家康に目安を差し出した。代官深津八九郎の不正を訴えたもので、家康は代官・百姓双方を呼び出し、直に訴えを聞いた。結果、代官が私曲であると判断し、深津は代官職を召し上げとなった。

十一月二十四日の場合は、越谷近辺の百姓が、「御鷹場」において目安を提出している。家康の越谷滞在中のことである。

また、「御当家紀年録」にも、鷹狩時における訴訟が記されている。慶長十七年冬、家康が「関東御放鷹」のため武州忍に滞留していた際、越前松平忠直（ただなお）の家老本多伊豆守富正・今村掃部盛次から家中騒動の訴えを聞いたというものである。

鷹狩は家康が外出する機会の一つであり、訴訟事を届ける側にとっては、直接家康に訴えかける数少ないチャンスであったといえよう。そのため、鷹狩で各地に滞在している際に直訴を受けることが時折あったのである。

天皇や豊臣秀頼へ進物

慶長十年代、家康は諸大名から鷹の献上を受けていた。それを「駿府記」から見ていくと、慶長十六年（一六一一）には、九月十九日に伊達政宗と最上家親（いえちか）が大鷹を献上している。政宗は仙台藩主、家親は山形藩主であり、それぞれの藩領で捕獲した鷹であった。

政宗の場合、同年十一月八日にも馬と鷹を十ずつ献上した。この日の家康は「忍之御鷹場」に滞在していた。鷹狩目的であり、駿府を出立して以来、鶴や雁を多く捕獲することができ、近侍の者たちに鷹狩の獲物である「御鷹之鳥（おたかのとり）」の料理を振る舞っていた。その忍に政宗は来訪した。仙台から江戸へ行く途中のことで、忍に立ち寄って家康へ鷹を献上し、それを済ませてから江戸の将軍秀忠のもとへ向かったのである。

慶長十七年一月、家康は三河吉良で鷹狩を行った。一月七日に駿府を出て、十日に遠江中泉へ到着した。そこで、織田有楽斎と対面している。有楽斎は織田信長の弟長益のことで、当時は豊臣秀頼を補佐し、大坂夏の陣直前まで大坂城に詰めていた。この時は大坂から駿府経由で江戸の秀忠を訪ね、その帰路に家康が滞在していた中泉へ立ち寄ったのである。有楽斎は家康の御目見を受け、「御鷹之鶴」を拝領したのち、大坂に戻っている。中泉は「御鷹場」と「駿府記」に明記されており、家康はここに数日逗留した。

吉良に到着したのは一月十四日で、家康は鷹狩を連日実施した。興味深いのは、そこで捕獲した獲物を方々に贈っていることである。

例えば十七日には、「仙洞」後陽成上皇へ「御鷹之鶴」を進献し、伝奏の広橋兼勝・勧修寺光豊へは「御鷹之雁三羽」ずつを贈った。十八日には「御鷹之鶴」を豊臣秀頼に贈り、二十二日には「御鷹之鶴」を「主上」、すなわち後水尾天皇に進献している。続いて、「御鷹之鶴」を前田利光（利常）・浅野幸長・池田輝政といった大名に与えた。駿府に戻ったのは二月十一日で、吉良における鶴を中心とした連日の鷹狩成果を利用しているのである。

さて、秀吉が死去した翌慶長四年の十二月、家康は初めて「摂州茨木」で鷹狩を行った。摂津茨木は豊臣家の本拠地大坂城のお膝元であり、そこへ家康が出向いたのである。これは家康側の一方的な強行ではなく、「秀頼鷹師衆」も数多く供奉している（「御当家紀年録」）。

家康は秀吉亡き後の秀頼と、鷹を通じての交流も行っていた。慶長十六年には、秀頼に対して「御鷹三居」を進物とした。今述べた通り、慶長十七年には吉良で捕獲した「御鷹之鶴」を贈っている。

このように、家康は全国の諸大名に対してだけではなく、天皇や豊臣秀頼にも鷹狩の獲物を贈っていた。なかでも鶴が重視されていたことがわかる。

近世初期に来日したポルトガル人宣教師のジョアン・ロドリーゲスは、『日本教会史』(6) 第七章の中で、次のことを記している。

狩猟される鳥で、日本人が最も珍重しているものの第一は鶴、第二は白鳥、第三は野鴨であって、貴人が荘重な宴会で行なう茶の湯では、もてなしを盛大にするためにこれら三種類の中のどれかが必ず出される。

また、同じく第三十一章にはこうある。

盛大な歓待、優遇をするための料理のうちでは、その家の主人が鳥でもてなすのが習慣であって、彼らの間で珍重するものを自家の鷹でとる。

この当時、鶴や白鳥が狩猟の獲物として珍重されており、それらは鷹を使って捕獲していたのである。鷹狩で獲た鳥の饗応が広く行われ、それが「貴人」にとっての習慣になっていたという。

大坂の役前後にも

日本史の年表を見ると、慶長十九年（一六一四）には大坂冬の陣、翌二十年（元和元年）には大坂夏の陣があったことが、必ず記されている。これによって、長く続いた全国の大名同士による合戦に終止符が打たれた。大御所家康と将軍秀忠が諸大名を従え、大坂城に立て籠もる豊臣秀頼を滅ぼしたのである。

本書で注目したいのは、その前後にも家康が鷹狩を繰り返していることである。慶長十九年一月二十日、細川忠興（ただおき）から大鷹二居、鍋島勝茂から大鷹一居の献上を受けている。五月二十日には、家康が秀頼へ巣鷹を贈っている。大名との間で鷹の贈答が行われていたが、そうした中で大坂冬の陣が勃発する。

家康は十月十一日に駿府を「御動座」し、西へと向かった。しかし、それは急行ではなく、路次中に鷹狩を行いながらのことであった。駿府から田中に至るまでの間や、遠江中泉に到着するまでの路次で鷹狩を行っている。なかでも、十月十三日には中泉において、十七日には名古屋において、「鶴御料理」を近習に振る舞っている。合戦前の鷹狩および獲物の饗応であった。

大坂冬の陣は十一月十九日に戦端が開かれ、十二月十九日に和睦が締結した。戦後、家康は大坂から京都に移り、そこで越年した。

翌二十年一月三日、家康は京都を出立し、駿府へと向かう。駿府に到着したのは二月十四日で、一ヵ月以上かけている。「御当家紀年録」は、その「路次」に鷹狩を行ったために、日を重ねることとなったと記している。

実際、「駿府記」を見ると、東海道沿いで鷹狩を繰り返していることがわかる。名古屋逗留中にも、岡崎へ向かう道中にも、家康は鷹狩を行い、鶴や雁・鴨を捕獲している。

その岡崎城はかつての居城であり、家康はここに一月九日から十九日まで逗留した。この間も繰り返し鷹狩に出向いており、鶴などを連日捕まえている。しかし、十一日には鷹狩中に「御秘蔵之御鷹」が雁に損じられてしまった。数ある鷹の中で、家康「御秘蔵」の鷹であった。

さらに、十三日にも「鶴取之御鷹」が鶴に損傷されている。これにより、家康は「御機嫌不快」となったが、その上、「御秘蔵」の鷹が鶴を捕まえることができなかった。「弥御機嫌不快」であったと、家康の様子が記されている。

家康は一月十九日から二十七日まで吉良に滞在した。ここでも連日のごとく鷹狩を行い、鶴などを多数捕獲する成果を上げた。二十三日には秀頼へ「御鷹鶴」を贈っている。吉良で捕まえた鶴に間違いなかろう。また、二十四日には幕臣の安藤直次が大坂から吉良に到着し、家康は大坂城割について聞き、「御鷹野御雑談」を交わしている。豊臣方の動向を気に掛けながらの道中鷹狩であった。

それから吉田・浜松・中泉を経て、二月十日に相良へ到着した。この時、相良が初めて「御鷹場」となったため、「御殿新造」が進められた。そして、家康は二月十四日、前年の十月以来、四ヵ月ぶりに駿府へと戻った。

しかし、わずか二ヵ月後の四月四日、家康は再び駿府を出立し、京都・大坂へと向かう。大坂夏の陣である。

その戦後処理を遂行し、家康は八月二十三日に駿府へ帰城した。九月十日には、佐竹義宣が大鷹二、伊達政宗が大鷹一、最上家親が大鷹二を、それぞれ家康に献上し、本多正純と安藤直次が披露役を担っている。

秀忠も江戸へ戻ったが、九月十七日に使者を駿府へ派遣した。これは鷹狩のため、家康が近日「関東御下向」するとの知らせを受け、秀忠が送った「御喜悦之御使」であった。

同月二十九日に駿府を出た家康は、十月十日に江戸へ着いた。その前日には、神奈川まで迎えに出た秀忠と対面している。

そして、十月二十一日から家康は「関東御放鷹」を行う。二十一日から戸田、二十五日から川越、晦日から忍、十一月九日から岩槻と、数日ずつ滞在地を替えながらの鷹狩であった。岩槻には、鴻巣で鷹狩を行っていた秀忠が駆け付けている。そのまま秀忠は江戸へと戻ったが、家康の「関東御放鷹」はさらに続く。しかし、十一月十日、越谷へ向かった家康は「御鷹場水滞り」のため鷹狩が実施できなかった。これによって、その地の代官が家康の「御勘気」を蒙るということがあった。

また、家康は十五日葛西、十六日千葉、十七日東金、二十五日船橋、二十六日葛西と回り、二十七日に江戸城に入っている。

それから数日、江戸城に滞在した後、十二月四日に出立、一路駿府を目指す。江戸および関東各所で約二ヵ月間過ごしていたが、これは家康にとって最後の関東となった。

年が明けた元和二年（一六一六）一月二十日、家康は「駿州田中辺」で鷹狩をした際、そこで「御違例」（病気）となり、駿府へ戻った（「御当家紀年録」）。それから三ヵ月後の四月十七日に家康は息を引き取るが、最後の最後まで鷹狩を繰り返していたのである。[7]

ところで、家康はもともと三河の一大名である。次第に遠江・駿河・信濃・甲斐へと領土を広げたが、秀吉の政策によって関東へと基盤を移した。そうした過程で、三河以来の家臣を中心として、今川・武田・北条などの旧臣を吸収し、信長や秀吉に仕えた者たちも徳川家臣団に組み込んでいった。

鷹匠も同様で、小栗・戸田などは三河時代からの家康家臣であるのに対し、井口・小林は信長旧臣、間宮・倉林は小田原北条旧臣といったように、様々な出自の者たちで構成されていた。この中から小栗久次・井口宗景・倉林則房を取り上げよう。

小栗久次は家康が三河青野で鷹狩を行った際に召し出され、永禄九年（一五六六）、十八歳の時から家臣となり、鷹匠同心や鳥見の支配が命じられた。三方原合戦時には負傷しながら浜松城に退却し、長久手合戦に供奉し、関ヶ原合戦で使番をつとめるなどの功を上げ、のちに千八百石以上の所領を有した。平時には鷹匠を束ねる立場にあっても、戦時には旗本として家康の周りを固めたのである。

井口宗景は近江国野洲郡乙窪村を拠点とし、父宗重の代から信長に仕えていた。その信長が憤死した天正十年（一五八二）以降は家康に仕え、鷹を扱った。関ヶ原合戦直前には、家康討伐の旗を揚げた石田三成から、すぐに鷹を三成居城の佐和山城へ移すように催促された。しかし、これを断固拒否した宗景は、合戦後に事の次第を家康に報告し、領地の加増を受けている。

倉林則房は小田原落城後、相模藤沢の遊行寺で家康に召し出されて家臣となった。関ヶ原合戦と大坂の両陣に供奉した後、川越に居住しながら鷹を扱う担当者となり、代官も兼務することとなった。

2　継承する将軍たち

お気に入りの鷹場

家康が豊臣秀吉から関東を与えられたのは天正十八年（一五九〇）のことで、それから十年後に関ヶ原の役があり、その三年後の慶長八年（一六〇三）二月、家康は将軍となる。

慶長十年（一六〇五）、家康の息子である秀忠は、二代将軍に就任した。秀忠自身も家康ほどの頻度ではないが、繰り返し鷹狩を実施している。引き続き、「当代記」「駿府記」「御当家紀年録」から、その状況を追ってみよう。

秀忠は慶長十年四月十六日に将軍宣下を受け、同年十一月二十五日には鷹狩を行うために、武蔵の鴻巣へ向かっている（「当代記」）。秀忠にとって鴻巣は、将軍就任後の御代始めの鷹狩を実施した吉祥の場所となったのである。慶長十年代における秀忠の鷹場は鴻巣である、といえるほど、繰り返しここを訪れている。慶長十六・十七・十八・二十年、いずれも十一月頃に鴻巣で鷹狩を行い、数日から半月ほど逗留している（「当代記」「駿府記」）。慶長十九年は大坂冬の陣の関係で、秀忠は大坂に向かっており、もしそれがなければこの年の十一月頃にも鴻巣へ来訪したかもしれない。

家康が忍・川越や東金の鷹場を好んでいたように、秀忠は鴻巣がお気に入りであった。

さて、隠居した家康の跡を継いで将軍に就任した秀忠であるが、大御所家康の存在は非常に大きかった。全国統治の上でも家康の権限は強大で、諸大名も将軍秀忠同様に、あるいはそれ以上に大御所家康の意向を気にかけていた。秀忠自身も家康の意を受けて政治・支配を展開していたが、鷹狩も同様な部分があった。

例えば、慶長十一年十二月、秀忠は鷹狩のため江戸から「東筋」へ向かった。具体的には「古河下妻佐竹筋」で、下総・常陸地域を見回っている。鷹狩と巡回が一体化しているのであるが、これは家康の「異見」によるものとされている（「当代記」）。

慶長十五年、秀忠は江戸から駿府に渡り、家康のもとを訪れていた。その駿府滞在中、「大御所之教」すなわち家康の勧めによって、秀忠は「三州田原」で鹿狩を実施している（「御当家紀年録」）。ここは鹿狩に適した地であったようで、家康自身も行った経験があった。

また、武蔵の鴻巣で鷹狩を行うため、秀忠は慶長十六年十一月六日に江戸を出立した。これも家康の「御意」によるものであった。この当時、家康は同じく武蔵の忍に滞在しており、そこで鷹狩を行っていた。家康に随従していた成瀬正成や安藤直次は、忍から鴻巣へ至り、秀忠の御目見を受けている（「駿府記」）。大御所家康と将軍秀忠が、同時期に別々の鷹場に滞在していることもあった。

秀忠は元和九年（一六二三）に将軍職を息子の家光に譲り、かつて家康がそうであったように、大御所として存在感を示していた。死去する寛永九年（一六三二）までが秀忠の大御所時代であるが、その間にも鷹狩を行っていた。

特に興味深いのは、「御当家紀年録」寛永五年十一月の記事である。秀忠は鷹狩目的で武蔵の忍に向かった。ここは「大権現御秘蔵之御鷹場」であるため、それを憚り、家康（「大権現」）が死去した元和二年以降、忍で鷹狩を行うことはなかった。しかし、この年の四月に家康十三回忌を無事に済ませたので、その約半年後に訪れることとした。秀忠も遠慮するほど、忍は家康「御秘蔵之御鷹場」であったのである。

三代将軍家光も鷹狩を行っている。「御当家紀年録」によると、寛永十一年二月九日、家光は「国大名等」や「御譜代之御家人」に、「御鷹之鶴料理」を振る舞った。寛永十三年五月二十一日には、鷹狩を行った後、江戸の仙台藩邸を訪れた。病床の伊達政宗を見舞うためであったが、政宗はその三日後に死去している。

また、家光は正保元年（一六四四）十二月八日に水戸徳川家屋敷を訪れた。そこで水戸藩主頼房（よりふさ）に「御鷹二居」、息子光圀（みつくに）に「御鷹一居」を与えた。

こうして、家康亡き後、秀忠や家光も鷹狩を行い、鷹の下賜や獲物の饗応を実施した。いずれも家康時代の継承であり、それらは幕末まで原則的に継続されることとなった。

四代家綱も、江戸近郊で鷹狩を実施している。後年、平戸藩の松浦静山（まつらせいざん）は、著書『甲子夜話』（かっしやわ）の中で、家綱が明暦二年（一六五六）に「山王の麓糀町の辺」や「常磐橋、鎌倉河岸の辺」で鷹狩を行ったことが「官家旧記」にあることに触れ、「かゝる御城下間近き所さへも人家稀疎なる事にて、鷹も使はれし程のことと見ゆ」と記している。(8)

静山が生きた近世後期の時代には、人家が多く獲物となる鳥が少ないため、江戸城間近で鷹狩が行われることがなくなっていた。しかし、家綱の時代まではそうした場所でも行われていた。当時は鷹を放つことができるほど、人家が稀なためであったという。

涙を流して喜ぶ

鷹を含む鳥類を与えるという行為は、江戸時代に始まることではない。古代・中世においても行われており、戦国大名間でも頻繁に贈答が行われた。

家康も将軍就任以前から鷹狩を繰り返し、家臣の一人である松平家忠が記した「家忠日記」によれば、東海地域の一大名であった時代から、鷹を始めとした諸鳥を家臣らに下賜している。

幕府が編纂した通史と位置づけられる『徳川実紀』(9)によると、家康が将軍となってから行った鳥類の下賜は、伊達政宗が最も古い事例である。幕府開幕直後の慶長八年（一六〇三）八月、政宗に対して仙台への帰国の暇とともに、家康は鷹を下賜している。すでに、この当時から帰国の餞別として鷹が与えられていたのである。

そして、家康は将軍を辞任し、二代将軍には秀忠が就任し、自らは大御所として全国を統治することとなる。この大御所時代にも鳥類の贈答を繰り返している。慶長十年代は家康が大御所、秀忠が将軍であったわけだが、『徳川実紀』で確認できるこの時代の鳥類贈答は三十四度を数える。『徳川実紀』は後代の編纂物であり、それに記載されていることがすべてではないが、おおよその傾向をつかむことができる。

家康や秀忠が贈った相手は、豊臣秀頼や外様大名が中心で、朝廷には鶴などが献上されている。ただし、その内、秀忠が単独で下賜したのは数度に過ぎず、当時の贈答は家康が大方を実施していたと見られる。秀忠が単独で鳥類を下賜するのは、大御所家康の死去後であった。元和期になると、秀忠は仙台藩伊達家や岡山藩池田家に鷹や「御鷹之鳥」を下賜していることがわかる。

その秀忠が隠居して大御所となり、家光が将軍に就任すると、再び大御所・将軍の双方から下賜が開始されるようになる。同じく『徳川実紀』によると、寛永六年（一六二九）までは秀忠からの下賜の方が多く行われているが、それ以降は圧倒的に家光の方が多くなる。秀忠からの下賜は、次第に家光と御三家に相手が限定されていくのに対し、外様大名への下賜は、大御所秀忠に代わって将軍家光が行うようになったわけである。

そのような中で、細川家の史料からは次のような例が確認できる。

豊前小倉藩主細川忠利に宛てた父三斎（忠興）の寛永八年二月二十九日の書状によると、「殊御秘蔵之　御巣鷹、従両　上様被遣之由」とあり、秀忠・家光の両方から秘蔵の巣鷹が下賜されている。(10)

さらに、同年十一月十六日の書状には、秀忠からの下賜について、「今度之御鷹之鶴、加賀筑前（前田利常）と我等迄にて候由、誠ニ有間敷儀と存、涙をなかし申候、此由御年寄衆へも申遣候事」とある。(11)この時は、加賀藩前田家と細川家のみが、秀忠から「御鷹之鶴」を下賜されるという特別な扱いを受けた。それに対して、涙を流すほどの喜びを感じている。すでに当時は、秀忠から外様大名への下賜は「有間敷儀」と認識されるほど、極めて数少ない状況となっていた。

当時の年寄（のちの老中）は大御所秀忠付「西丸年寄」と将軍家光付「本丸年寄」に分かれていたが、下賜の使者もこれが反映されていた。秀忠の使者は「西丸年寄」土井利勝・永井尚政などで、家光の使者は「本丸年寄」酒井忠勝・内藤忠重などであった。

秀忠は元和四年（一六一八）、盛岡藩南部利直に江戸城内で「御鷹之鶴」饗応を振る舞い、(12)同六年には細川忠利らを、茶の振る舞いとともに「当年初而御鷹ニ御とらせ被成候鶴之御料理」を与えている。(13)いずれも、鷹狩で捕獲した鶴の料理を振る舞っているのである。

また、寛永初期の伊達政宗書状によると、(14)秀忠は初めて六郷（多摩川下流）地域で鷹狩を行った。その際、「真鶴一・黒鶴一・白鶴一」という成果を上げている。この内、「黒鶴」は朝廷へ上げることとし、「白鶴」は松平筑前守（前田利常）、「真鶴」は伊達政宗に下賜されている。前田にしても、伊達にしても、外様大名の中で秀忠から特別な待遇を受けていたことがわかる。

下賜数に差異

三代将軍家光や四代将軍家綱の時代にも、将軍からの鳥類下賜や料理饗応は繰り返し行われ、次第に定例化していく。

まず、家光は世継ぎの家綱に下賜している。家綱は寛永十八年（一六四一）生まれであるが、下賜はその翌年から始まっている。その後、家光から家綱への下賜は、家光が死去するまで継続された。尾張・紀伊・水戸の御三家への鳥類下賜も数多く行われており、他に比べて頻度が高いと思われる。こうした御三家への下賜の使者は、各江戸藩邸に派遣されることが多いが、それぞれ将軍家から拝領していた鷹場への暇が下された際には鷹が与えられることがあった。

家綱の場合は、御三家に加え、綱重（甲府二十五万石）・綱吉（館林十五万石）という弟にも下賜している。この行為は、それまでの兄弟という関係が、将軍と家臣という主従関係に変化したことを明確に示す一つの手段でもあったと考えられる。甲府・館林両家は、御三家とともに一番目に下賜されており、鳥の数も同数で、御三家と同格に扱われていたのである。

また、その両家は寛文元年（一六六一）十一月十日に鷹と鷹場が将軍家綱から下賜された。綱重・綱吉は同年閏八月にそれぞれ甲府・館林に封じられたばかりであった。

徳川一門の内、御三家の分家、越前松平家およびその分家、伊勢桑名・伊予松山の久松松平家、陸奥会津の保科松平家なども、御三家同様、鳥類の下賜を受けている。

しかし、甲府・館林および御三家と、他の徳川一門の間には、下賜の待遇に違いがあった。その例として、正保元年（一六四四）七月二十日における下賜を取り上げよう。この日は御三家・越前福井藩主松平忠昌・金沢藩主前田光高の五人に「御鷹之雲雀」（将軍の「御鷹」による鷹狩で捕獲した雲雀）が下賜された。その雲雀の数は、御三家が五十羽、忠昌・光高は三十羽である。また、それぞれの使者に立った者の役職は、御三家が書院番頭であるのに対し、忠昌・光高は使番がつとめた。

つまり、同じ日に同じ種類の鳥を下賜されているのだが、鳥の数と使者の役職が異なっている。これは、下賜される者の格の違いによるもので、同じ将軍家の一門であっても、御三家などは上格に位置づけられていたのであった。

また、御三家と一門に与えられる日が別々である場合、一門は御三家より後日となる。鳥類の下賜は、その鳥の数・使者の役職・順序を分けることによって、御三家と一門の序列が明確に示されたのである。

譜代大名に対しては、家光が井伊直孝（近江彦根三十万石）や松平忠明（播磨姫路十八万石）に下賜している事例が多くある。いずれも比較的石高が大きく、西国支配の要所に配された大名である。まだ臨時的な要素を含んでいたが、家綱政権期になると、譜代大名も定期的に下賜される対象に含まれていく。しかし、彦根藩井伊家などは下賜数が多く、他の譜代大名より優遇されていた。

家光が鳥類を下賜した幕府役人は、大老・老中・京都所司代などの要職に就いていた者に限られていた。

幕府役人にも下賜

しかし、家綱時代になると、それまで対象ではなかった若年寄や寺社奉行などの幕府役人も下賜の対象に含まれるようになる。その家綱政権期における幕府役人への下賜に関する特殊な事例として、保科正之・酒井忠清・酒井忠勝に注目しよう。

保科正之は、家綱政権誕生直後に幕府の重鎮として幕政に参加していくが、すでに家光政権期から諸鳥が下賜されていた。それは会津松平家という徳川一門の家格によるもので、松平定行らの一門大名とともに下賜を受けていた。しかし、これ以降、正之は以前に比べて厚遇されるようになる。井伊直孝や大老酒井忠勝らとともに下賜を受けるようになり、派遣される使者も使番から両番頭へ上がった。

酒井忠清は、承応二年（一六五三）に老中に就任すると同時にその上座となるが、老中になる以前から諸鳥が下賜されていた。正保四年（一六四七）三月二十六日の『徳川実紀』に、「板倉周防守重宗・酒井河内守忠清・松平伊豆守信綱・阿部豊後守忠秋・阿部対馬守重次・永井信濃守尚政・内藤志摩守忠重に、中根壱岐守正盛もて雁一隻づゝ給はる」とあるように、忠清はすでに幕府役人とともに雁を下賜されている。

その忠清は、老中になってからも、他の老中より上格の待遇を受けていた。「江戸幕府日記」(15)によると、承応三年正月十三日に保科正之と大老酒井忠勝が鶴を下賜され、翌十四日には老中酒井忠清も鶴を下賜された。しかし、同じく老中の松平信綱と阿部忠秋は雁を下賜されている。老中内において、下賜される鳥が鶴と雁に分けられており、上下が明確に示されていたのである。

また、長期にわたって大老をつとめた酒井忠勝は、明暦二年(一六五六)に職を辞する。しかし、その後も忠勝には鳥類が下賜されていた。明暦三年七月四日の「御鷹之雲雀」下賜の使者は、家門松平光長(みつなが)と外様大名には使番であるが、忠勝には側衆の内藤重種が派遣されている。致仕した後でも、大老格の待遇を受けていたのである。

そして、綱吉が将軍に就任すると、次第に鳥類の下賜も縮小されていく。特に譜代大名は、井伊家などを除いて、ほとんど下賜されなくなっていく。そうした中で、側用人牧野成貞が老中と同数の鳥を下賜されていることは特徴的である。側用人は厚遇されていたといえよう。

獲物を振る舞う

次に、家光・家綱時代における鷹狩の獲物の饗応を述べよう。鷹狩で捕まえた獲物の料理が振る舞われているのである。

幕府の日記によると、家光時代に饗応として出された鳥は、鶴・白鳥が大半を占め、それ以外は雁や鴨であった。また、これらの鳥は渡り鳥であるため、自ずと狩猟・捕獲の時期も定まり、饗応は

二、三月や九〜十一月に集中して行われている。

その饗応を受けた者は、御三家、国持外様大名、御三家分家、一門大名、譜代大名、幕府役人に分けることができる。例えば、「江戸幕府日記」寛永十七年（一六四〇）十月二十三日条によると、「此面々、於御黒書院御鷹之鶴御料理被下之、御振舞」として、譜代大名二十一名が挙げられている。幕府役人については、寛永九年九月四日に大番頭・御書院番頭・御歩行頭・小十人組頭・御鉄炮頭が、「右不残初雁之御料理」の饗応を受けた事例がある。それ以後、奏者番・留守居・勘定頭・作事奉行・町奉行・諸物頭なども諸鳥の饗応を受けているが、御目見・布衣(ほい)以上の資格を有する役人に限定されていた。

さて、将軍家光が行っていた饗応は、寛永十九年以降、家光から下賜された鳥を家綱が饗応するという構造に変化している。その一回目は同年四月二十七日である。家綱は将軍家光から「御鷹之鳥」を下賜され、井伊直孝・土井利勝・酒井忠清・酒井忠勝・戸田氏鉄(うじかね)・堀田正盛・松平信綱・阿部忠秋・阿部重次に振る舞っている。

この当時、利勝・忠勝は大老、正盛は「出頭人」、信綱・忠秋・重次は老中という重職にあり、その面々に幕府重鎮で大老的存在の井伊直孝や門閥の酒井忠清（上野厩橋十万石）、島原の乱鎮圧で功のあった戸田氏鉄（美濃大垣十万石）が加わっている。家綱はこの前年に誕生したばかりであるが、この「御鷹之鳥」の饗応を通じて、幕府重職者や門閥・譜代であっても将軍嫡子より下位にあることを改めて確認したと考えられる。

そして、家綱自身が将軍に就いた後も、鳥類の饗応が継続されている。ただし、その相手は固定化されていったが、家光時代に比して回数は減少しており、必ずしも毎年行われているわけではない。これは、饗応に扱われる鳥が主に「御拳之鳥」であることに起因していると考えられる。「御拳之鳥」とは、将軍自らの鷹狩によって捕獲した鳥をさす。将軍が「御拳之鳥」を捕らえることで、饗応の機会が生まれるのである。そのため、饗応は臨時的な要素が強い。家綱時代の方が家光時代より饗応回数が少ないのは、将軍自らが鷹狩を行った回数が減少したことによるものであったと考えられる。次の綱吉は、自身で鷹狩を全く実施しなかった。そのため、「御拳之鳥」饗応も全く行われていないわけである。

のちに吉宗がこれを再開することになるが、「柳営日次記(16)」によると、その最初は享保二年(一七一七)十二月二十三日であった。「御鷹之鶴」の振る舞いを受けたのは、「御連枝方」すなわち御三家の分家、「溜詰」の譜代大名、老中と元老中小笠原長重である。翌三年十二月二十三日にも饗応が行われ、この日は多くの幕府役人とともに、尾張・水戸両家も「御拳之鶴御吸物」が振る舞われている。その前日には、両家に「久々緩々」と「対顔」するために、登城した時に「御拳之鶴御料理」を振る舞うことが事前に達せられている。

そして、将軍から鶴などを拝領した者は、それを他の者に振る舞っていた。例えば、細川忠興が息子忠利に宛てた寛永六年二月十七日書状に、「拝領之鶴ニ而御年寄衆不残被振舞」とある。[17] 細川家は「拝領之鶴」を幕府「御年寄衆」に振る舞ったのである。

また、岡山藩主池田光政の「池田光政日記[18]」によると、万治三年（一六六〇）十一月八日に将軍家綱から拝領した「御鷹之鶴」一羽を、国元で受け取り、神前に供えた。そして、同月二十二・二十三日の両日にわたり、家中の者たちへ料理を振る舞っている。

その二日間の饗応では、一日目が「五郎八・香庵初、老中・物頭、つる頂戴させ候事」、二日目が「惣士中鶴頂戴させ候事」とある。一日目の方が上級家臣であり、藩内の上下関係が保たれている。また、「五郎八」は、かつて所領（播磨赤穂三万五千石）を没収された池田輝興の子政種で、光政に身柄を預けられていた。「香庵」は榊原康勝の次男平十郎勝政のことで、従兄光政の招きによって岡山に住していた。光政は、「五郎八」・「香庵」を客人として扱い、まず彼らに振る舞ったのである。

3　彦根藩の「御鷹場」

家康から拝領

将軍は大名に対して、鷹や獲物の鳥だけではなく、鷹場を与えることがあった。将軍所有の鷹が「御鷹」とされたように、その鷹場は「御鷹場」と表現された。

こうした大名の「御鷹場」は、時期的には近世前期に多く、場所的には江戸近郊に多くが設置されている。(19) 例えば、上杉景勝は武蔵府中・八王子を「御鷹場」として与えられた。(20) 御三家の場合は、家光から江戸郊外にそれぞれ「御鷹場」を与えられ、そこで鷹狩を行っている。

それぞれの大名が自分の領内で鷹狩をすることに特段の問題はないが、他の大名領や幕府領などにおいて、無断で鷹狩をすることはできなかった。しかし、幕府は特定の大名に特定の「御鷹場」を与えた。それは幕府領や大名領・旗本領などの区別はなく、広域的・一円的なものであった。それでも、その「御鷹場」内の村々を支配してはおらず、年貢を納めさせるわけでもない。あくまで狩猟が許可された場に過ぎなかった。

本書では近江・山城国内に設置された彦根藩井伊家の「御鷹場」を取り上げることにしよう。井伊家の「御鷹場」も、他の大名の「御鷹場」同様、その地域全体を知行地として支配していたのではなく、狩猟場として認められていた。

彦根藩井伊家は近江国の東部に位置する彦根城を拠点とし、琵琶湖東の犬上(いぬかみ)・愛知(えち)・神崎・坂田四郡を中心とした地域を領有していた。武蔵や下野にも所領があり、あわせて三十万石を支配する徳川譜代筆頭の大名であった。その近江国は彦根藩以外にも膳所(ぜぜ)藩などが置かれ、幕府領や旗本領、寺社領、公家領などが混在する地域であった。大津と信楽(しがらき)には代官所が設置され、幕府領の支配にあたった。また、陸奥仙台藩や大和郡山藩などの飛地も存在していた。すなわち、関東同様、支配の入り組んだ地域であったのである。

その中で最大の領域を支配したのが彦根藩井伊家である。しかも、他の譜代大名が国替を繰り返す中、井伊家の場合は幕府の成立から崩壊まで、江戸時代を通じて同一地域を支配し続けた。

井伊直孝は、徳川四天王の一人として家康を支えた井伊直政の息子にあたる。天正十八年（一五九〇）に生まれ、慶長八年（一六〇三）から秀忠に仕え、同十九年には大坂冬の陣に出陣した。彦根藩主に就任した元和元年（一六一五）には、大坂夏の陣で戦功を上げ、侍従に任じられ、加増を受けている。家光の時代には幕政に参与するなど、家康・秀忠・家光・家綱の四代の将軍に仕えた。また、寛永三年（一六二六）に少将、正保二年（一六四五）に中将へ昇進し、幕府の重鎮的立場にあった。

それでは彦根藩の「御鷹場」はどうかというと、藩領のみならず、藩領外にも及んでいたことが特徴的である。拝領したのは井伊直孝で、それを与えたのは徳川家康である。『寛政重修諸家譜』[21]によると、直孝は元和元年に、「東照宮より近江山城両国のうちにをいて、鷹狩の地をゆるされ、かつ旅行のときも恩賜の鷹をすへさせ、放鷹すべきむね御ゆるしをかうぶる」と記されている。これは、家康がすでに将軍を秀忠に譲り、大御所として全国統治に関わっていた時期にあたる。直孝は「東照宮」すなわち大御所家康から「御鷹場」を拝領したのであり、それは大坂夏の陣直後であった。

井伊直孝・直惟の鷹狩

直孝が家康から拝領した「御鷹場」は、「近江山城両国のうち」という地域であった。その範囲は彦根藩領だけではなく、他領も含んでおり、具体的には近江一国と山城国淀堤までとされている。淀堤の「御鷹場」について、『彦根市史』は「直孝は家康から淀に放鷹の地を賜った。その意味は種々に考えられるけれども、歴代の藩主は就封後かならずこの淀堤に鷹狩と称して上京し、天機を奉伺したのである」と記す[22]。「御鷹場」拝領には朝廷との関係があったというのである。

こうした「御鷹場」で、実際に鷹狩は行われているのであろうか。直孝は元和二年（一六一六）と同五・六年に淀堤へ向かっており、そこで鷹狩を行っている。拝領当初から「御鷹場」が実際に使用されていたのである。

彦根藩家臣の経歴・役務等の系譜を編纂した『侍中由緒帳』[23]によれば、寛永十一年（一六三四）まで家老をつとめた長野業実に対し、井伊直孝が「御鷹之鶴」を下賜している。「御鷹之鶴」は鷹狩で捕獲した鶴のことであり、鷹狩が行われていたことの証左となる。また、享保九年（一七二四）十月二日、木俣守貞は井伊直惟（なおのぶ）の鷹狩に「御供」をしており、藩領内の犬上郡土田村で休息している。

「井伊家文書」には「御鷹場」関係史料が多数残っているが、その中に「享保七壬寅年十二月十一日より十三日迄　南筋御泊鷹野村書幷鳥附場所留書」、ならびに「享保七壬寅年十二月　南筋御泊御鷹野留」という史料がある[24]。これらによると、藩主の井伊直惟は、享保七年に彦根藩領南筋への「御泊鷹野」を実施した。十二月六日の触れによって、使用する鷹の準備や随従する供奉者が定められ、同月十一日から十三日にかけて鷹狩が行われている。南筋は彦根藩の行政区域で、近江国内の所領を北筋・中筋・南筋の三つに分け、それぞれに置かれた筋奉行を中心に各地域を管轄・支配した。

以上の事例のように、直孝や直惟といった彦根藩主は「御鷹場」で鷹狩を遂行していた。拝領した元和期から享保期に至るまで、それが存続・機能していたことがわかる。

慶安三年（一六五〇）閏十月二十一日、直孝は近江芦浦観音寺宛てに手紙を送っている[25]。それによると、かつて直孝は、家康から江戸と近江落久保（野洲郡乙窪）で鷹を拝領し、近江・山城両国における鷹狩許可の「御上意」を得た。その時は、山城の向嶋周辺は「御法度」（幕府法）により鷹狩は禁止されていたが、淀までの地域は鷹狩が許可された。一方、近江国内は、どの地域も鷹狩可能であり、現在は他の大名・旗本や幕府の代官と相談し、「私法度」（彦根藩法）によって禁猟区となり、彦根藩以外は鷹を使用できない状態であったという。

直孝が家康から「御鷹場」を拝領したのは元和元年であるが、それから三十五年後の慶安三年において、その直孝自身が述べている内容である。また、この「御鷹場」について、直孝は「御内証」のこととして観音寺に伝えている。

この「御鷹場」拝領は、近江地域にも大きな影響を与えた。

例えば、琵琶湖での狩猟において特権を有していた堅田猟民の史料中に、享保十五年十一月に堅田村之内西之切年寄七名が幕府代官鈴木小右衛門役所に宛てたものがある[26]。堅田猟民はそれ以前から真鴨（のち代銀）を上納していたが、大坂の陣後における彦根藩の所領加増とともに「近辺之湖上」が

「御鷹場」になったと幕府代官小野宗左衛門から伝えられた。猟民にとっては、それによって猟場が狭くなり難儀するため訴訟を検討した。

しかし、代官の小野は、それが将軍家の「御上意」であるため、訴訟を起こしてはかえって猟民自身のためにならないと諭し、訴訟は中止された。そして、一部の地域は運上銀を納めることとなったが、漁猟は「彦根御鷹場之中」であっても、従来通り「無限」に行うことができることとなったという。

右のことから、彦根藩領の加増とともに「御鷹場」が直孝に与えられたこと、その「御上意」を幕府代官が地域に伝達したこと、また「御鷹場」内での狩猟に規制がかけられたことなどがわかる。

百二十年後の巡回

寛保・延享期、「御鷹場一件」という史料が彦根藩で作成された(27)。その内容は、かつて家康から拝領した「御鷹場」に関することで、特に彦根藩領外に設置された「御鷹場」についても記している。以下では、近世中期において「御鷹場」がどのように認識されていたのかを見ていこう。

彦根藩の種村千右衛門は、藩主井伊直定の命を受け、寛保三年（一七四三）一月から「御鷹場」を巡回した。家康から近江と山城国内を「御鷹場」として与えられていたが、それから年数が経過し、近年は他領において「猥ニ鉄炮ヲ打」って、「重キ御法度之鶴」を狩猟する者があらわれていた。そこで、彦根藩の使者種村が、他領の役人に「御鷹場」内は鉄炮猟禁止である旨を伝えることとした。

「御鷹場」の「御由緒」を、「御鷹場」地域に周知させるのが目的であった。

その種村の廻村先は近江国内全域に及んだ。件数はおよそ百七十件にのぼっている。そこでは大名領・旗本領だけではなく、園城寺や延暦寺をはじめとした、多くの寺社領も含まれている。

こうした他領地域に、「御由緒」を伝えることで、「御鷹場」内は鉄炮猟禁止であることを徹底させようとした。当時は家康からの拝領より百二十年以上が経過しており、密猟者が横行する状況であったようである。

種村の廻村について、四例を挙げよう。

栗太(くりた)郡の芦浦観音寺へは、かつて井伊直孝が鷹狩の際に訪れたことがあった。訪問した種村は、その「御鷹場」について伝えたところ、芦浦観音寺側は「如往古」、すなわち直孝の時のように藩主が鷹狩に来ることを望んでいた。逆にいえば、この当時は芦浦近辺での鷹狩は行われていないということを示している。

また、大池寺で種村は歓迎された。以前、水口藩加藤家の家臣が大池寺の山内へ入り、そこで鳥類の殺生を行ったため、寺側はそれを断ったが、聞き入れてもらえなかったということがあった。これを幕府へ訴え出たが、寺社奉行は山林や下草を荒らすことに対して禁止の高札を立てることを認めたものの、殺生禁制については井伊家が対応するものとした。そのため、殺生禁制の高札をまだ立てられないでいたが、ここが彦根藩「御鷹場」であることが確認され、寺にとっては、それが殺生者を入らせない根拠となるとしている。

内藤十次郎・美濃部八郎右衛門の知行地である甲賀郡深川市場村では、村役人が応対し、種村は「御印鑑札」を渡している。「御印鑑札」は村側からの願いによるもので、村はこれを持つことによって鉄炮猟が可能となる。「御鷹場」内での鳥猟許可権は、彦根藩が有していたことを示している。

遠江浜松藩主で、老中をつとめていた松平伊豆守信祝（のぶとき）は、大津に役所を持っていた。種村は辻八兵衛という者を通じて、大津常駐の浜松藩郡奉行である福留弥五兵衛と面会した。そこで、南近江に「鉄炮猥ニ打」つ者が出没しているが、「御鷹場」内であることを理由に、それを問題視していることを伝えている。

そして、この松平信祝との間で、彦根藩「御鷹場」に関する応答が行われた。「御鷹場一件」には、彦根藩家臣と松平信祝家臣との間の交渉や、彦根藩家臣間の伝達事項がまとめて記されている。その冒頭部分は、①「御鷹場」の状況と問合せ、②戸塚・増田・小野田三名宛「御答書御案文」、③三名宛添書、④戸塚宛覚書、⑤戸塚宛添書に分けられる。戸塚左大夫正峰と増田平蔵良豊は二千石ずつ、小野田小一郎為充は千二百石の彦根藩家臣で、当時はいずれも江戸に滞在していた。

「御鷹場」の由緒

まず①について。近江は古来から彦根藩の「御鷹場」であり、鉄炮猟を禁止しているにもかかわらず、近年は密猟者が出没していた。「御鷹場」拝領からかなりの年数が経過しているため、それを知らない者もいるのではないかということで、彦根藩の種村千右衛門が各村の「年寄」を通じて、「御鷹場古来より之御格式」を伝えることが決まった。

種村は、野洲郡守山村の辻八兵衛を訪ねている。辻は代々井伊家に出入をしている者で、その屋敷内に藩の「御鷹部屋」が設置されていた。信祝に対して、彦根藩側は「御鷹場」の由緒を辻八兵衛に伝え、辻から信祝の郡奉行福留弥五兵衛に伝えてもらうという方法をとっている。

そして、信祝側から「御鷹場」に関する問合せがあった。かつて井伊家は山城辺りへも鷹狩に行っていたか、井伊家の「御泊鷹野」や鷹匠の「泊鷹野」は行われていたかということが尋ねられている。その回答が②で、彦根藩側の「御答書御案文」が六ヵ条に分けて記されている。

第一条は、井伊家が拝領した「御鷹場」の範囲についての回答である。元和元年（一六一五）に井伊直孝が家康から「御直に御密事之御思召」によって拝領し、近江国中と山城国淀堤までが「御鷹場」となり、あわせて「御鷹」を拝領した。「御鷹場」の境は、伊賀・伊勢・美濃・越前・若狭・丹波の各国境で、山城は「家之格式」をもって百年余り伝えてきた、と述べている。

拝領の理由は、大御所家康の「御密事之御思召」という不透明なものである。しかし、「御密事」の内容は、後述する④から、そのおおよそが判明する。

第二条は、「御鷹場」拝領時の「御印札」を所持しているかという点について。これについては第一条とも関連することで、家康から「御直」に「上意」として拝領したため、「御墨附」は渡されていないとしている。

本来ならば、拝領する際に家康の「御墨附」のある文書を同時に受け取る。後々の証明書になるからである。ところが、この「御鷹場」拝領はそれが渡されなかったのである。

第三条は、辻八兵衛方にかつて鷹部屋が建っていたという「由緒」について。辻は以前から井伊家に出入している者で、かつてはそこに藩の役人が止宿し、特別に藩の鷹部屋を建てていた。その鷹部屋は先年焼失し、修復が延引されていたが、以前のように再建することとなった。

第四条は、種村の役務について。近江では諸領主の代替りや国替があり、それによって「古代よりの訳」、つまり「御鷹場」の由緒が村々に伝わらず、「猥に近代者鉄炮を以鳥猟」する者があらわれていた。鉄炮猟禁止を徹底させるため、種村は巡回したのである。

ここでも、種村の「御鷹場」廻村の理由として、鉄炮による密猟者が出没していることが挙げられている。その契機の一つは、領主の代替り・国替にあったという。

この②はあくまで「御案文」で、「御鷹場一件」にはこれを江戸で「認替（したためか）」えた「書付」も載せられている。その内容はほぼ②と同様であるが、特に「認替」えられている箇所として、「近江国中御領主様方御代も替リ、またハ御所替に付、古代よりの訳其村々承伝不申候様に罷成、猥に近代者鉄炮を以鳥猟仕候」という部分が、「近江国中村々古来之格に違、近来鉄炮を以鳥猟仕候」と書き改められている。領主の代替りや国替が密猟の契機となっているという記述が除去されているのであるが、老中松平信祝に対して応答するものであるため、将軍・幕府をはばかって除去したものとみられる。

密事の内容

第五条では、山城辺りに鷹狩に出向いたことがあるかという問合せについて。直孝は淀辺りで数度鷹狩を行い、地形などを見分していた。次代の直澄からは京都近辺に逗留している諸大名に「遠慮」して、近江国内のみで鷹狩を行うことが直孝から命じられたという。先代の直惟は、彦根藩領から一、二里先にある朽木直綱（六千石の旗本）領の八幡町辺りまで出向いて鷹狩をしていたが、当代の直定はまだ出向いていないとしている。

直孝が淀堤で鷹狩を行った際、地形見分なども行ったとされている。鷹狩のみをすることが目的ではないことは、「松のさかへ」(28)からもうかがうことができる。これによれば、直孝の鷹狩・鹿狩の目的は、藩士・領民の盛衰や領地を見分し、狩場を戦場と模擬的にとらえて行動することにあったという。

最後の第六条は、井伊家当主自身や鷹役人が「泊鷹野」を行っているかについて。藩主の直定自身は「泊鷹野」を行っていないが、鷹役人は「泊鷹野」をしており、餌指（えさし）・鳥見役・鷹場目付などは近江国内を回っていた。遠方の場合は、村の年寄に依頼して、そこで止宿していた。なかでも、「浜手之場所」は鳥がよく飛来する場所であるため、たびたび役人を巡回させたという。

そして、③の添書では、「御鷹場」に関して老中松平左近将監乗邑（のりさと）にも内々に伝えるべきかという質問について、彦根藩の家老は「無用」であると答えている。内々に書付を渡したとしても、それで事が済まなければ、かえって難しいことになるとしている。この松平乗邑は、当時の筆頭老中であるが、吉宗隠居直後に老中を罷免されている。

さらに④と⑤は、②・③と同日の「覚書」とその「添送御書」である。この④からは、②の「御密事之儀」の内容が判明する。直孝が家康から「御鷹場」を与えられたのは、「専西国押御要害之場所迄心懸」けることにあり、「京都守護専に」することが目的であった。そして、「上方辺迄鷹野と称し」て出向き、京都所司代の指図でいつでも守護できることを心掛けていた。彦根城の拝領自体も「西国押」のためであり、「御鷹場」は代々大切に扱うようにと伝えてきていたという。

彦根藩の「御鷹場」拝領は、「京都守護」との関係によるものであった。この「京都守護」が「御密事之儀」だったのである。

最後の⑤によると、④の「覚書」は松平信祝からの「御鷹場」に関する問合せに対しての下書で、「密事之儀」として彦根藩家臣の戸塚へ渡したものであった。そして、交渉の埒があかない時にこれを利用することがあっても、あくまで「密事之儀」であるため、他見は「無用」とされている。彦根藩としては、「御鷹場」拝領と「京都守護」という「密事之儀」は、差し迫った状況にならない限りは伏せておく方向で対処しているのである。

彦根藩の主張

仙台藩伊達家は、近江国内に一万石の飛地を領していた。その地域も彦根藩「御鷹場」の範囲内であり、彦根藩家臣の種村は同地域も巡回し、「御鷹場」の由緒を伝えた。

その仙台藩側から、「御鷹場」の件をさらに詳しく知りたいとして、彦根藩側に連絡があった。この時の仙台・彦根両藩の間で取り交わされた書状などを写しまとめた史料が現存しており、宝暦四年（一七五四）から翌五年にかけて交渉が行われたことがわかる。(29)

宝暦四年一月晦日、仙台藩の京都留守居をつとめていた米山小伝次が、彦根藩の留守居に対して書状を送った。それによると、彦根藩の役人が廻村してきた数年前に、近江国は彦根藩「御鷹場」であるため鳥猟は禁止であると言い渡され、これまで禁止してきていた。一方、幕府代官からの書状には、仙台・彦根・郡山・膳所・亀山五藩領へは他の猟師は入ることができないことと、幕領・私領ともに鳥札を渡すので鳥猟をする者は運上銀を上納するようにということなどが記されていた。そうなると、本当に近江国が彦根藩「御鷹場」であるのか、改めて確認したいという内容であった。

これに対し、彦根藩側は即日、留守居を派遣し、近江国は彦根藩の「御鷹場」であり、藩の役人が「御鷹場」の国境などへ廻っていると返答している。

翌宝暦五年は、鳥猟は鉄炮猟を含めてすべてが禁止されているのかという点などが交渉の内容となっている。結果、仙台藩の「御家中鉄炮稽古」や「鉄炮ニ而御領主様御用鳥殺生」は「無御構」とされた。仙台藩の鉄炮稽古・鉄炮猟は認められているが、彦根藩「御鷹場」であるため、その他の鉄炮使用は禁止されているのである。

それから十一年後、明和三年（一七六六）には、彦根藩と幕府老中との間で「御鷹場」に関する交渉が行われた。その経緯は、「近江国幷山城国淀堤迄御鷹場　御拝領ニ付従古来之儀御老中様方江被仰達置候前段一巻留」から判明する(30)。

彦根藩の「御鷹場」に関して、老中松平右近将監武元(たけちか)から問合せがあり、江戸に詰めていた彦根藩家臣の本多七左衛門が、武元の家臣片岡佐左衛門と内談を行っている。「御鷹場」についての彦根藩側の主張によると、元和年中に家康が上洛時に彦根へ止宿し、その際に直孝へ「御内密」の上意があった。それは「近江国中幷山城国淀堤迄」を鷹場として与えるというもので、大鷹一居も拝領している。実際にそうした地域へ向かうこともあったが、その後は藩主自ら「直参」していないけれども、役人を派遣して鉄炮猟などをしていないか巡回しているということであった。

そして、「上意御趣意之趣代々申伝候者、別紙之通ニ御座候事」と、代々伝えてきた家康の上意を「別紙」に認めている。その「別紙」の内容を記そう。

元和期に直孝が命じたのは以下の通りである。

近江国中と山城国淀堤までを鷹場として与えられたのは「表向」のことで、家康の「御趣意」は「京都辺万事心添」えることにあり、そのために「武器取扱等迄茂心を付」けるようにとの命であった。

それ以来、「京地ニ変事」があれば、すぐに幕府へ注進してきた。これまでは「御静謐之御時節」であるため、事立てた注進をすることがなかったが、近い事例では二条城の天守が雷火で焼失したことなどは、江戸へ急報した。

ただし、元和年中には鷹場の「御免許」に関する「御判物等」を受け取っていなかった。しかしながら、家康から「御直ニ御密々之上意之御趣」として命じられたことであり、それを必須事項として代々申し送ってきている。

この当時の彦根藩主は井伊直幸（なおひで）であるが、直幸は彦根藩「御鷹場」の由緒について、松平武元だけではなく、本丸老中松平輝高・松平康福（やすよし）・阿部正右（まさすけ）、西丸老中秋元凉朝（すけとも）、京都所司代阿部正允（まさちか）にも伝えている。彦根藩の主張を幕府老中・京都所司代が確認・了承しているのである。

その後、寛政十一年（一七九九）には、直幸自身による「御鷹場」巡見が実行された。「江州幷城州淀堤辺江御鷹場御巡見」の計画は前年に立てられ、寛政十一年五月二十一日に、「久々御中絶」していた巡見が行われた[31]。

幕末の嘉永七年（一八五四）には、直弼が山城淀堤の「鷹場巡見」と「京地見分」を行っているが、そこを「要害場所」として認識していたようである[32]。

第一章では、まず家康の鷹狩に注目した。特にその晩年、江戸と駿府を拠点として、関東・東海地域で頻繁に行っているが、鷹狩を好むがゆえに喜悦や激怒をする姿が見られた。

家康は鷹の贈答や獲物の贈答・饗応を行っているが、秀忠・家光・家綱の歴代将軍が鷹狩を継続し、贈答も定例化していく。受け取る側は、その格や役職によって差が設けられていた。

鷹や獲物だけではなく、鷹狩を行う鷹場を与えられる大名も存在した。一例として彦根藩井伊家の近江・山城鷹場を取り上げたが、これは家康から直接に与えられたという由緒を持っていた。近世中後期になるとそれが持ち出され、「御鷹場」を主張していくようになる。

将軍家にとっても、大名側にとっても、家康の存在は大きく、その動向や足跡は後代にも影響力を持っていたのである。

家康の事績をまとめた「東照宮御実記附録」巻二十四[33]には、家康と鷹狩の関係が記されている。例えば、「たゞ鷹つかふことばかりは御天性すかせられ」とあり、鷹狩そのものを非常に好んでいたことが知られる。また、鷹狩の目的について、「遊娯の為のみ」ではなく、自らの「御摂生のため」であり、「下民の艱苦」を実見したり、家臣の「軍務を調練」したりするためであるという。

しかし、多様な目的はあったとしても、自らが繰り返し鷹狩を行い、大名に鷹を与え、また鷹狩の獲物の鶴を朝廷に贈るなど、家康が行った諸事は以降の将軍の行為の規範となったことが非常に重要である。個々の将軍により程度の差はあるが、家康こそが原点・規範であり、家康が実施しなければ江戸時代を通じて鷹狩が隆盛ないし存続することはなかったのではないかと感じさせるものがある。

註

（1）近世を中心とした鷹狩をめぐる諸事については、宮内庁式部職編『放鷹』（吉川弘文館、一九三一年、一九八三年復刊）、本間清利『御鷹場』（埼玉新聞社、一九八一年）、村上直・根崎光男『鷹場史料の読み方・調べ方』（雄山閣出版、一九八五年）、大石学『享保改革の地域政策』（吉川弘文館、一九九六年）、大友一雄『日本近世国家の権威と儀礼』（吉川弘文館、一九九九年）、根崎光男『将軍の鷹狩り』（同成社、一九九九年）、同『江戸幕府放鷹制度の研究』（吉川弘文館、二〇〇八年）などを参照。また、これまで研究論文も数多くの蓄積があり、関東の各自治体史でも鷹場を取り上げているところが多数ある。筆者はこれらから多くを学んだ。

（2）『増補続史料大成　家忠日記』（臨川書店、一九八一年）。

（3）『当代記・駿府記』（続群書類従完成会、一九九五年）。

（4）注(3)に同じ。

（5）児玉幸多編『御当家紀年録』（集英社、一九九八年）。

（6）ジョアン・ロドリーゲス著、佐野泰彦等訳『大航海時代叢書　日本教会史』上（岩波書店、一九六七年）。

（7）藤井譲治「徳川家康の居所と行動」（藤井譲治編『近世前期政治的主要人物の居所と行動』、京都大学人文科学研究所、一九九四年）。

（8）松浦静山著、中村幸彦・中野三敏校訂『甲子夜話』第一巻（平凡社、一九七七年）。

（9）『新訂増補　国史大系徳川実紀』（吉川弘文館、一九六四〜六七年）

（10）『大日本近世史料　細川家史料』四―八六五（東京大学出版会、一九七四年）。

（11）『細川家史料』四―九二八（一九七四年）。

（12）『徳川実紀』第二篇。

（13）『細川家史料』八―四四（一九八二年）。

(14)「伊達政宗書状」(『久喜市史』資料編Ⅱ、近世一、一九八六年)。
(15)国立公文書館内閣文庫所蔵「江戸幕府日記」。
(16)国立公文書館内閣文庫所蔵「柳営日次記」。
(17)『細川家史料』三—七二六(一九七二年)。
(18)藤井駿・水野恭一郎・谷口澄夫共編『池田光政日記』(山陽図書出版、一九六七年)。
(19)将軍が大名に与えた鷹場については、斉藤司「近世前期、関東における鷹場編成—拝領鷹場の検討を中心として—」(『関東近世史研究』第三二号、一九九二年)、同「近世前期における五畿内近国の鷹場編成」(関東近世史研究会編『近世の地域編成と国家—関東と畿内の比較から—』、岩田書院、一九九七年)、および根崎光男『江戸幕府放鷹制度の研究』を参照。また、福岡藩黒田家を事例とした大名鷹場の研究に、福田千鶴『江戸時代の武家社会—公儀・鷹場・史料論—』(校倉書房、二〇〇五年)所収の論文がある。
(20)『大日本古文書　上杉家文書』(東京帝国大学文学部史料編纂所、一九三五年)。
(21)『新訂寛政重修諸家譜』(続群書類従完成会、一九六四〜六六年)。
(22)『彦根市史』上冊(一九六〇年)。
(23)彦根城博物館編『彦根藩史料叢書　侍中由緒帳』第一巻(彦根市教育委員会、一九九四年)。
(24)「井伊家文書」七一二六・七一二七。
(25)「井伊家文書」二一八五九・三二〇五九。
(26)「江州堅田漁業史料」二七〇(『日本常民生活資料叢書』第十八巻、三一書房、一九七三年)。
(27)「井伊家文書」七一三三・七一三四。
(28)「松のさかへ」巻二(『史籍雑纂』第二、国書刊行会、一九一一年)。
(29)「井伊家文書」七一三五・三〇一四五。

(30)「井伊家文書」四四三八五。
(31) 注(23)に同じ。
(32) 東京大学史料編纂所編『大日本維新史料　井伊家史料』第四巻—六（東京大学、一九六五年）。
(33)『新訂増補　国史大系徳川実紀』第二篇（吉川弘文館、一九六四年）。

第二章　献上と拝領

1　弘前藩津軽家の鷹献上

選ばれた鷹

現在の青森県西半分、江戸時代に津軽地域を治めていたのは、外様大名の弘前藩津軽家である（下北半島を含む青森県東半分は盛岡・八戸藩の南部家）。松前藩に次いで北に置かれた大名で、桜の名所として知られる弘前城を本拠としていた。

この弘前藩領は、松前藩領などとともに、全国でも有数の鷹の生息地であった。しかも、ただ数が多いだけではない。鷹狩に能力を発揮する名鷹を多く生み出している。良質・多量の鷹を確保することができたのである。

津軽家は自らの領内で捕まえた鷹を、徳川将軍家に献上していた(1)。それも毎年のことで、五居ずつと数も定まっていた。

それでは、江戸時代中期の安永年間（一七七二〜八一）を事例として、弘前市立図書館所蔵「津軽家文書」に含まれる「弘前藩庁日記」の「国日記」から、献上の様子を見てみよう[2]（「弘前藩庁日記」は「国日記」と「江戸日記」からなるが、以下、「国日記」「江戸日記」と略記する）。

安永五年（一七七六）七月二十八日、江戸からの手紙が弘前に届いた。内容は、弘前藩領の鷹が欲しいというもので、差出人は幕府鷹匠組頭の原田甚六であった。将軍に鷹を献上するための本格的な準備を始める頃でもあり、弘前藩は献上鷹以外に、もう一居の鷹を用意することとなった。この原田に進呈する鷹は、将軍へ献上する鷹を江戸に運ぶ際と同時である。経費もかかることなので、運搬は一緒であった。

こうして、弘前藩は献上鷹五居と進呈鷹一居、合わせて六居を用意するが、鷹の数さえ揃えばよいというわけではなかった。弘前から江戸へ鷹を運ぶための諸道具が必要であり、餌も調えなければならない。鷹の世話をする鷹匠や、道具持ちなどの人足も当然いなくてはならない。

弘前藩は毎年九・十月頃に鷹を献上することが恒例となっており、その直前は準備に奔走していた。この年の場合も、八月十四日に鷹の餌に関する定めがあり、「例年之通」に餌は鶏とされた。これは弘前出立後の道中における餌で、生きたままの鶏である。

八月末には献上鷹の数が揃い、担当の鷹匠はそれぞれの鷹の「容」姿が「宜」しき状態にあることを報告している。この姿が美しいことは非常に重要であった。将軍への献上物であるからである。

表1　安永5年における弘前藩津軽家の献上鷹（「国日記」より作成）

鷹の種類	出所地	御鷹待之者（鷹捕獲者）	用途
一番若黄鷹	表真那板淵	藤代組三世寺村　次五兵衛	御献上
二番若黄鷹	表真那板淵	藤崎組岩井村　茂左衛門	御献上
三番若黄鷹	藻川古川添	広田組藻川村　喜作	御献上
四番若黄鷹	若柳	広田組姥萢村　源次郎	御献上
五番若黄鷹	滝井袋千ヶ沼	柏木組滝井村　九惣	御献上
六番若黄鷹	藻川与左衛門沼	広田組藻川村　源助	御用意
七番若黄鷹	表真那板淵	藤崎組岩井村　茂左衛門	御進物

そして、九月三日に献上鷹・進呈鷹が決定する。それは「国日記」安永五年九月三日条に細かく記されており、表1のような鷹七居が選ばれた。

将軍が優先

鷹はいずれも「若黄鷹」とあるが、これはその年に生まれた鷹であることを示している。また、それぞれ一番から七番まで番号が付けられている。安永五年（一七七六）の最初に確保したのが「一番若黄鷹」であり、二番目が「二番若黄鷹」、以下、三番・四番と続く。鷹の初物が選ばれたのである。

その「若黄鷹」の次に記されているのは地名である。この場所で「若黄鷹」を捕獲したという意味で、出所地が明記されている。村名・人名は、それぞれの鷹を実際に捕獲した者の名前で、彼らを「御鷹待之者（おたかまちのもの）」という。

すなわち、藤代組三世寺村に所属する鷹待の次五兵衛が、表真那板淵で捕まえたのが、安永五年一番目の若黄鷹であった。

そして、一番から五番と、六番、そして七番には、それぞれ異なる注記が施されていることにも注意しなければならない。一番から五番は「御献上」とある。六番は「御用意」とあり、七番の場合は「御進物」と記されている。

この「御献上」「御用意」「御進物」は、どう違うのであろうか。これは言葉通りのことで、「御献上」は明らかに将軍への献上鷹であった。弘前藩が毎年献上するのは五居と決まっており、その数とも一致する。

次の「御用意」とは、「御献上」のスペア、補塡用である。鷹も生き物であり、その上、弘前から江戸まで陸路を、人足が担いで運ばなければならない。献上鷹に病気や負傷などがあった際に、この「御用意」が「御献上」に取って代わるのである。

一方、「御進物」は将軍以外の者への贈り物であった。この年は、幕府鷹匠組頭の原田甚六から鷹の所望を事前に受けていた。弘前藩はそれに応えるべく、「御進物」一居を用意したのである。

そして、「御進物」よりも「御献上」の方が上位に位置づけられていた。あくまでも将軍への贈り物が優先であり、初物の一番から五番までがそれに選ばれた。この年は七居を確保できたが、それは藩領内の巣鷹山を回った結果、捕獲することができた数であった。鷹の生息地が保全されていることが、鷹の確保には必要不可欠であったのである。

さらに、いずれも「御鷹容御座候」と、容姿に優れた鷹であった。見た目の格好良さも重視されていたのである。

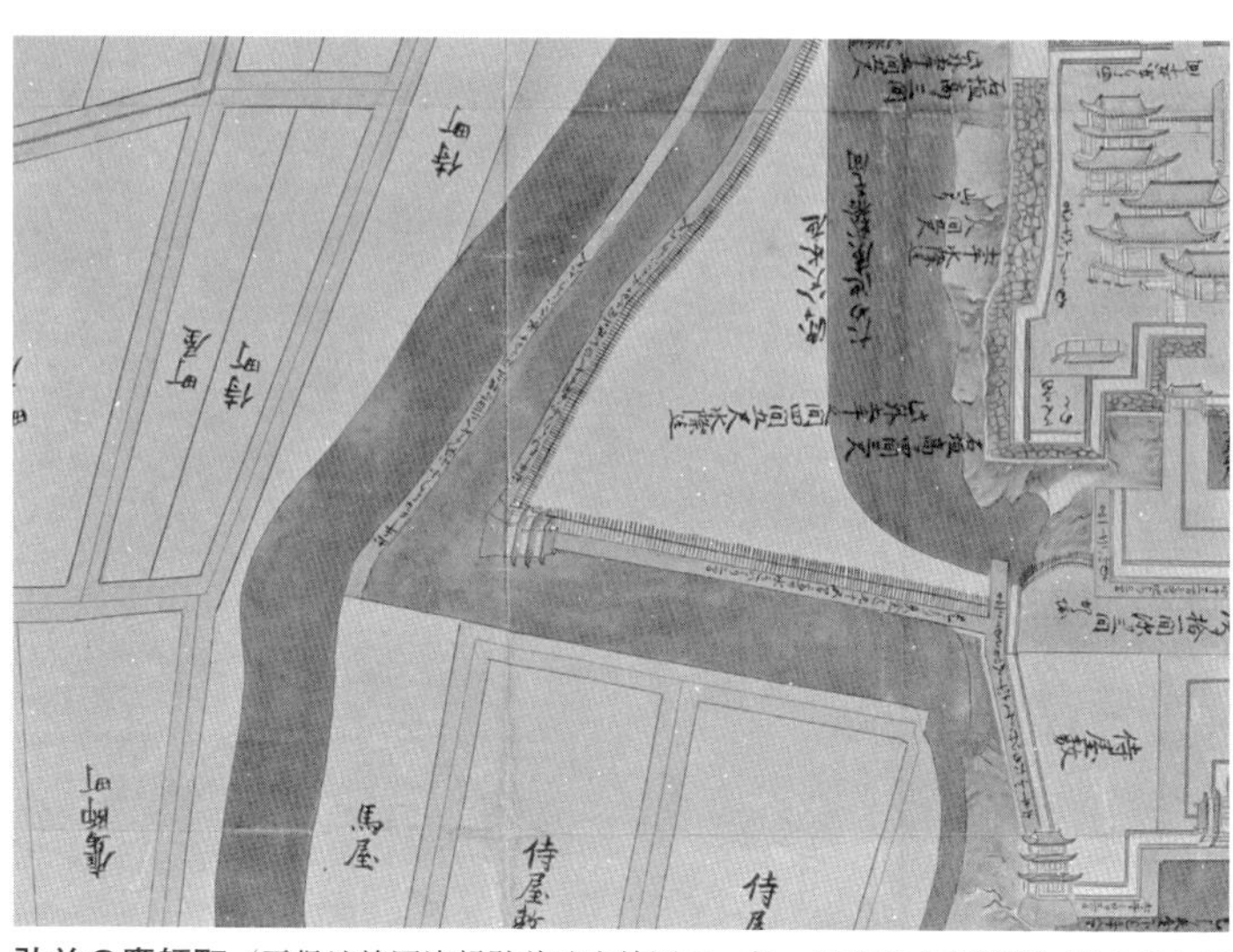

弘前の鷹師町（正保城絵図津軽弘前城之絵図の一部．国立公文書館蔵）図の右上が弘前城，左下が鷹師町

餌の準備も完了した。弘前藩の「国日記」によると、餌鳥は「鶏女鳥　三拾五羽」とある。ただし、これらは碇ヶ関から山形までの間であった。生きたままの雌鶏を運ぶわけで、鷹一居に対し雌鶏五羽という割り当てである。それは定例化していたようで、鷹六居の時は雌鶏三十羽、鷹七居の時は三十五羽となる。

では山形から先はどうするのか。山形から江戸に至るまでの道中は、現地で調達しながら進んでいくのである。そこで、「山形より江戸迄餌鳥買上、一居ニ付壱両宛」と、鷹一居に対して金一両が割り当てられた。その他に、不足した場合として、「不時用意金」の金二両四歩も支給されている。

また、餌を切り分けることも大事であり、上庖丁を二挺持参し、餌箱や餌洗箱も一つずつ運

ふりがな ご氏名	年齢　　歳　男・女
〒 □□□-□□□□	電話
ご住所	
ご職業	所属学会等
ご購読 新聞名	ご購読 雑誌名

今後、吉川弘文館の「新刊案内」等をお送りいたします(年に数回を予定)。
ご承諾いただける方は右の□の中に✓をご記入ください。　□

注文書

月　　日

書　名	定　価	部　数
	円	部
	円	部
	円	部
	円	部
	円	部

配本は、○印を付けた方法にして下さい。

イ．下記書店へ配本して下さい。

(直接書店にお渡し下さい)

(書店・取次帖合印)

書店様へ＝書店帖合印を捺印下さい。

ロ．直接送本して下さい。

代金(書籍代＋送料・代引手数料)は、お届けの際に現品と引換えにお支払下さい。送料・代引手数料は、1回のお届けごとに500円です(いずれも税込)。

＊お急ぎのご注文には電話、FAXをご利用ください。
電話 03－3813－9151(代)
FAX 03－3812－3544

郵便はがき

料金受取人払郵便

本郷局承認

6427

差出有効期間
2026年1月
31日まで

113-8790

東京都文京区本郷7丁目2番8号

吉川弘文館 行

愛読者カード

本書をお買い上げいただきまして、まことにありがとうございました。このハガキを、小社へのご意見またはご注文にご利用下さい。

お買上**書名**

＊本書に関するご感想、ご批判をお聞かせ下さい。

＊出版を希望するテーマ・執筆者名をお聞かせ下さい。

お買上書店名　　区市町　　書店

◆新刊情報はホームページで　https://www.yoshikawa-k.co.jp/

◆ご注文、ご意見については　E-mail:sales@yoshikawa-k.co.jp

んでいる。鷹も箱に入れて江戸に向かうのであるが、それを持つ人足が十人選ばれている。そして、九月七日に弘前藩主津軽信寧（のぶやす）の鷹見分が行われた。全国の諸大名は、参勤交代により江戸と国元を往復したが、信寧は当時国元弘前に滞在していた。そこで、翌八日に献上鷹を江戸へ向けて出立させるにあたり、前日に責任者として最終的な確認をしているのである。「御献上」鷹はもちろん、「御用意」も「御進物」も同様であった。

献上の残り

弘前藩の献上鷹は、九月八日に弘前を出立し、山形や宇都宮を経て、同月二十九日に江戸に無事到着した。二十二日間かけての移動で、到着後に早速、鷹を湯洗いしている。道中の汚れが落とされ、献上当日に向けた準備が進められたのである。

幸いなことに、「御献上」は五居とも移動に問題がなかった。弘前出立前に藩主が見分したように、江戸到着後は不在の藩主に代わり、江戸家老が再び見分している。将軍への献上物としてふさわしいかどうかを確認したのである。

実際、不調となる鷹が出た年もある。翌安永六年（一七七七）がそれで、「江戸日記」安永六年十月二十九日条に、「御献上御鷹日論之内、四番メ御鷹若柳不宜候付、御進物之内六番メ御鷹表真那板淵与認替被仰付候」とある。江戸到着後に見分を行ったところ、五居の内、「若柳」を出所地とする四番鷹が献上に適さない状態であった。そこで、献上鷹と同時に江戸へ上らせていた「御進物」の六番鷹「表真那板淵」と交換している。不適格な鷹は献上されなかったのである。

このような不慮の事態に備えて、弘前藩では献上用五居の他に、一居か二居を加えた鷹を江戸へ運搬しているのである。

では、五居とも問題のなかった安永五年の場合はというと、十月十三日に無事、すべての献上を終えている。

そして、三ヵ月前から弘前藩に所望していた原田甚六も、ようやく鷹を弘前藩から受け取ることができた。献上の二日後、十月十五日のことで、やはり献上が優先であった。

それでも、「御用意」用であった六番鷹が残っていた。その鷹はどうなったのか。

安永五年十月十五日の「江戸日記」に、「松平千太郎様幷原田甚六様江御献上之御残御鷹一居宛被遣候」と記されている。すなわち、六番鷹は松平千太郎に、七番鷹は原田甚六に、それぞれ贈っているのである。「御献上之御残」ともあるように、将軍への献上が無事に済み、その余った鷹を両名は入手することができた。

原田の場合は、献上より前、十月五日に弘前藩の江戸屋敷を訪れている。そこで実際に鷹を自分の目でたしかめているが、決して個人的に鷹を欲しいという理由で、原田は弘前藩に掛け合ったわけではない。鷹匠組頭という立場にあり、幕府鷹匠組織の代表として鷹を求めたのである。

幕府は多くの鷹を抱えていたが、なかには病気になったり、あるいは死去したりする場合もあり、鷹狩に使用できる鷹の数をある程度確保しておかなければならなかった。また、鷹匠たちの技術訓練等を目的とした鷹も必要で、将軍の「御鷹」を訓練で傷つけないためにも、別の鷹を保持しておく必要があったのではないだろうか。

もう一人の松平千太郎は、川越十五万石の藩主松平直恒である。鷹狩は将軍だけではなく、大名の中にも行う者がいた。川越藩もその一つで、藩領内で鷹狩を行うために鷹が必要であり、弘前藩にそれを所望したと考えられる。

将軍への献上、それに続く進呈と、役目を果たした弘前藩鷹匠は、十月二十日に江戸を出立、弘前への帰国の途に着いた。

将軍嫡子も入手希望

享保期以降、弘前藩の鷹献上数は五居と基本的に変わらない。津軽家としては将軍に献上することを果たしさえすればよいので、江戸へ運ぶのは五居で事足りる。しかし、鷹自身が病気となる場合も十分にあるため、「御用意」というスペアも一緒に運ぶのは当然の措置であろう。

そこで、毎年の鷹運搬数を見ると、六居ないしは七居ということが多い。安永五年（一七七六）は、献上後に余った鷹を鷹匠組頭と川越藩主に進呈したわけである。

では、その他の年はどうであろうか。「弘前藩庁日記」から、同じく安永期の事例を拾い上げてみよう。

安永元年の場合、弘前藩は老中の板倉勝清に鷹を進呈している。「国日記」の十一月二十五日条に「兼而御鷹御無心」とあり、これ以前から板倉は弘前藩に鷹の所望を伝えていたことがわかる。弘前藩はその期待に応えて、鷹を進呈したのである。

翌二年は、彦根藩主の井伊直幸（なおひで）と北条藩主の水野忠見（ただちか）が、弘前藩の鷹進呈先であった。この年は七居の鷹を江戸へ運び、五居の献上を無事に果たした残りをそれぞれに渡したのである。安永三年は久留米藩主の有馬頼徸（よりゆき）、四年は福山藩主で幕府奏者番の阿部正倫（まさとも）に、一居ずつ進呈した。これらの内、安永二年に井伊直幸が弘前藩から鷹を入手したことは、後でも触れることになるので、ここで強調しておきたい。

注目されるのは、安永六年の事例である。この年、弘前藩は将軍嫡子の徳川家基（いえもと）に鷹を贈っている。当時の将軍は吉宗の孫にあたる十代家治であった。家治は宝暦十年（一七六〇）に将軍となり、嫡子の家基も順調に成長していた。安永六年当時、家治は四十二歳、家基は十六歳である。将軍家で鷹狩を行うのは将軍自身のみではなく、その嫡子も行うことがあった。将軍秀忠と嫡子家光、将軍家斉と嫡子家慶などの例が挙げられる。家基も同様で、安永期に江戸周辺で鷹狩を行っていたことが確認できる。

家基からの鷹所望については、「国日記」安永六年九月二十八日条に記されている。これによれば、仙台藩伊達重村（しげむら）と弘前藩津軽信寧に対し、家基から「御内々」の指令があった。それは、鷹を家基に献上するようにというもので、江戸からその知らせが国元弘前に入り、鷹を江戸へ上らせることが決まった。

興味深いのは、その「追啓」部分で、「本文申遂候御鷹、表向者戸田久次郎殿御所望之分ニ而有之由御座候」とある。家基の所望は「御内々」のことで、「表向」は幕府鷹匠頭戸田久次郎勝愛（かつちか）が所望するという形式を取っていた。

将軍嫡子で、しかも大納言にまで昇進している家基は、近い将来、将軍に就任することを約束されている立場にあった。だが、将軍が将軍嫡子に鷹を譲ることはあっても、諸藩が将軍嫡子へ鷹を公的に献上することはなかったようである。諸藩からの鷹献上先はあくまで将軍一人に限られていた。

そこで、鷹の入手を願っていた家基は、鷹匠頭から伊達・津軽両家への所望を「表向」として、「御内々」にそれを献上させたのである。

なお、家基は将軍に就任する前、父家治よりも早く、安永八年に死去した。

柳川藩主は四年待ち

ところで、安永六年（一七七七）にはもう一人、鷹を入手したいという希望者がいた。

柳川藩主の立花左近将監鑑通（あきなお）は、弘前藩に鷹一居を欲しいと依頼した。しかし、八月二十三日の「国日記」によると、弘前藩はそれに応えることができず、「明後亥年」すなわち二年後の安永八年に進呈すると約束している。立花は二年待ちとなったのである。

実は、これには裏事情があった。別の人物から弘前藩に鷹所望の依頼があり、弘前藩はそちらに鷹を贈ることとした。立花としては横槍を入れられた格好だが、素直に待たざるを得ない事情があった。その人物こそ、将軍嫡子の徳川家基だったのである。

それでは、立花は安永八年に鷹を進呈されたのであろうか。答えは、再延期である。

安永八年十月二十五日の「国日記」には、「御献上御残り御鷹、当年者立花左近将監江可被進筈之処、御同所様江御断ニ而、松平右京大夫江去ル七日被進候」と記されている。同年の将軍への鷹献上も無事に終わり、残りの鷹があった。弘前藩としては、二年前の約束通り、この年は立花に鷹を進呈する予定であった。だが、立花に断りを入れて、高崎藩主で老中在任中の松平右京大夫輝高へ進呈先を変更している。

すなわち、安永六年は将軍嫡子家基、同八年は老中松平輝高が、弘前藩に鷹の入手を依頼し、立花はそれを受けて二度も入手の機会を逸したのである。

それから二年後の天明元年（一七八一）、ようやく立花は弘前藩から鷹を進呈されている。実に、四年待ちであった。

特筆されるのは、①将軍嫡子や幕府老中も鷹の入手を望んだこと、②弘前藩としては大名よりも将軍嫡子や老中へ贈るのを優先したこと、③四年待ちであっても鷹を入手したい大名がいたことである。

こうした大切な鷹であればこそ、病気となった際には薬療治などが施された。さらに、「国日記」

安永七年九月二十六日条によれば、病の鷹を治癒することを目的とした「祈禱」も起案されている。起案者は弘前藩の鷹匠小頭である。

この年、大鷹三居が病気となり、療治の甲斐なく、三居とも死去してしまった。先年も同様の病気があったが、その際は大行院に頼み、祈禱をしてもらうと、病がなくなるということがあった。そこで、鷹にこれ以上の病が出ては差し支えるので、弘前の「御鷹部屋」において祈禱をしてもらいたいという願いを鷹匠小頭が申し出たのである。大行院は、弘前藩領内の修験の触頭をつとめており、明治期に天満宮となり、現在に至っている。

そして、二日後の二十八日、実際に祈禱が行われた。依頼を受けた大行院は、二十八日の朝から「二夜三日」祈禱し、晦日に結願した「御札」を「御鷹部屋」へ持参している。

藩主やその家族が病気になった場合、その快復を願う祈禱はどの藩でも実施された。弘前藩にとっては鷹は単なる動物の一つではなく、将軍に献上する「御鷹」であり、藩で祈禱をする対象となっていたのである。

一方、この当時、弘前藩自身はどのくらいの鷹を保持していたのであろうか。安永五年十一月十九日の「国日記」を見ると、「御使鷹拾五居」を持っていたことがわかる。この「御使鷹」は、献上用でも進呈用でもなく、まさしく藩主「御使」用の鷹十五居である。

つまり、藩領内で得た鷹をすべて江戸に運んだわけではない。弘前藩主津軽家は、自らも領内で鷹狩を行っており、一定度の数を保持する必要があった。安永二年の場合は三居、同四年は四居の鷹を「留置」くという記述もある。

このように鷹が集まってくると、それを担当する人手も当然必要となる。安永二年九月七日には、かつて鷹を減らしたので鷹匠の数も少なくしたが、ここで鷹が増加したので、鷹匠二人を増員することとした。

同五年十一月十九日には、餌差(えさし)三人を新規に召し抱えている。「御使鷹拾五居」に対して「餌差拾三人」では対応しかねるという理由であった。所持する鷹の増減によって、関わる人員も増減した。鷹の餌を担当するのがこの餌差（餌指）である。

また、弘前藩が松前藩から鷹を贈られるという事例も見ることができる。安永七年の場合、十月二十一日に鷹一居を受け取っている。弘前藩も鷹の出所地として著名であったが、日本全国の中で随一の名出所地を抱えていたのは松前藩であった。

もし、弘前藩側で必要な鷹が不足する場合、松前藩側から鷹を譲り受けることがあったのである。これは一方的な行為ではなく、弘前藩側から贈るものもある。その一例が馬で、安永五年は弘前藩が松前藩に馬、逆に松前藩が弘前藩に鷹を贈っている。そうしたことは、盛岡・松前両藩の間でも見ることができる(3)。弘前藩や盛岡藩は鷹を求め、松前藩は馬を必要としていたのである。

献上鷹のランク

毎年五居、これが弘前藩津軽家に課せられた鷹の献上数である。もう一度、どのような鷹が献上されたのか、ということを振り返ってみたい。

最も注目されることは、献上鷹のすべてが「若黄鷹」（若鷹）という点である。若黄鷹はその年生まれの鷹であることを意味しており、成長すると大鷹と呼ばれる。大鷹に成長する前の若鷹が、将軍に献上されたわけである。

これは、単純なことだが、非常に重要なことであった。弘前藩領で捕獲したものではあるが、まだ弘前藩主の鷹狩などに全く使用されてはいない。未使用、しかも初物が将軍に献上されたのであり、その状態で将軍所有物の「御鷹」となったのである。弘前藩主がすでに鷹狩に使っていては、献上物としての意味をなさないのである。

そして、「御鷹容」姿が「宜」しき状態であることも、献上鷹が選ばれる重要な理由になっていた。猛禽類に属する鷹は、その嘴（くちばし）や爪、羽に特徴があった。尾羽が揃い、羽や爪に傷みや損じのないものが、鷹の「宜」しき状態とされた。

献上鷹にはランク付けもされた。

例えば「江戸日記」享保十六年（一七三一）十月二十日条を見ると、献上されたのはすべて若黄鷹であった。未使用が献上物の大前提といえよう。それらは七居であるが、五居は「御献上」、二居は「御進物」とある。

そして、七居いずれもが「御鷹容」と記されている。鷹の容姿であり、「御献上」五居と「御進物」一居には「上」、残りの「御進物」一居には「中」とある。特に将軍への「御献上」はすべて「上」であり、最高品質の鷹が献上物として選ばれている。諸家への「御進物」も「上」あるいは「中」という質で、「下」ランクのものは献上や進物の対象から外されたのである。江戸へ運ぶ前に、適格か不適格かが選別されていた。

すなわち、献上鷹の条件に、その「容」姿が極めて「宜」しい状態で、傷みや損じもなく、初物の若鷹であるという点があったのである。そこには見た目の良さと将来性が求められた。将来性とは、献上後に将軍が使用するという前提をもって鷹が献上されたということを意味する。

若黄鷹を献上したのは、もちろん津軽家に限ってのことではない。当時の鷹献上大名には、松前藩松前家を筆頭に、陸奥の弘前藩津軽家・盛岡藩南部家・仙台藩伊達家、出羽の秋田藩佐竹家・新庄藩戸沢家・米沢藩上杉家、信濃の松本藩松平家・高島藩諏訪家がいた。彼らはいずれも成長した大鷹ではなく、若黄鷹や巣鷹を献上している。巣鷹とは、その字のごとく巣の中にいる状態の雛であり、当然、鷹狩には未使用である。

こうした手つかずの鷹が、江戸の将軍のもとに集められたのである。

鷹の出所地

ここで、日本全国のどの地域に鷹の出所地があったのかを確認しておきたい。

将軍の許可がなくとも、自身の領内であれば鷹狩を行うことは可能であったので、決して将軍が鷹狩の権利を独占していたわけではない。それでも、全国から江戸の将軍のもとに鷹が集まっており、幕府は鷹出所地の状況をおおよそ把握し、「鷹出所名録」や「諸国鷹出所地名」などが作成された。

宮内庁書陵部所属の「諸国鷹出所」(4)という史料を例として、当時の鷹出所地の全体像を見てみよう。その巻末によると、安永四年（一七七五）に平信厚が書写したものであることがわかる。また、「右此本者、千駄木同心衆望月伴蔵覚書ニ認所也」とあり、書写した原本は、千駄木組に属する幕府の鷹匠同心望月伴蔵の「覚書」であった。

それでは、いつ頃に作成された「覚書」であろうか。史料中に当時の「大鷹献上」者の一覧があり、その一人に「津軽岩松」が挙げられている。「津軽岩松」は弘前藩主の津軽信寧のことで、延享元年（一七四四）に六歳で家督を相続した。そして、土佐守に叙任される宝暦三年（一七五三）までは「岩松」を名乗っている。

また、米沢藩主の「上杉大炊頭」重定も「大鷹献上」者に列しているが、重定が「大炊頭」となるのは延享三年のことである。

すなわち、延享三年から宝暦三年頃の「覚書」である。西暦でいえば、一七五〇年前後にあたり、その頃の「諸国鷹出所」地名が判明する。「覚書」作成者の望月にとっては、鷹匠同心という職務柄、日本全国の鷹出所地を把握する必要が生じ、それを書き留めたということだろう。

表2　1750年頃の鷹献上大名（「諸国鷹出所」より作成）

番号	鷹の種類	献上大名
①	大鷹	仙台藩　伊達宗村
②	大鷹	盛岡藩　南部利視
③	大鷹	松前藩　松前資広
④	大鷹	秋田藩　佐竹義真
⑤	大鷹	弘前藩　津軽信寧
⑥	大鷹	新庄藩　戸沢正諶
⑦	大鷹	米沢藩　上杉重定
⑧	鷂	長岡藩　牧野忠利
⑨	鷂	松本藩　松平光雄
⑩	雀鷂	松山藩　松平定喬

この「諸国鷹出所」に記されている鷹の献上者は、表2の通りである。

鷹を将軍に献上する大名は、ごく少数に限られていた。大鷹・鷂・雀鷂は鷹の種類であり、献上者によって何を献上するかが異なっていた。

また、それぞれの献上数も差があった。宮内庁式部職編『放鷹』によると、「徳川時代の中期以降」は以下の通りであるとする。

松前藩松前志摩守は十五、仙台藩松平（伊達）陸奥守は七、弘前藩津軽越中守は五、秋田藩佐竹右京大夫は五、盛岡藩南部信濃守は五、米沢藩上杉弾正大弼は一、越後長岡藩牧野兵部は三、伊予松山藩松平隠岐守は五、出羽新庄藩戸沢鶴千代は一、信濃松本藩松平（戸田）丹波守は四、尾張藩は四、信濃高島藩諏訪因幡は一で、松前藩ならびに奥羽諸藩が大半を占めていることがわかる。

こうした鷹の出所地名がまとめられた類似の史料に共通するのは、鷹出所地名が藩領別・地域別に書かれている点である。

「諸国鷹出所」の場合、最初に「奥州松前鷹之名」とある。そこでは、三十の出所地名＝「鷹之名」

1 列…

戦国乱…
易とキ…
川四代…

●続刊

3 体制危機の到来 近世後期

荒木裕行
小野　将編

…国際交…
…に収め、徳…

二二二頁

7 近世史の課題 討論（仮題）

小野　将ほか編

推薦します

高埜利彦（学習院大学名誉教授）

松本幸四郎（歌舞伎俳優）

※敬称略、50音順

…を見通す
列島の平和と統合

中世の人々が、その眼で見た城、思い描いた城…。

描かれた中世城郭

城絵図・屏風・絵巻物

竹井英文
中澤克昭 編
新谷和之

城郭の姿を、今に伝える絵画の数々。鎌倉・室町期の寺社縁起や物語などの絵巻物、戦国期の洛中洛外図屏風や参詣曼荼羅、織豊期の陣取図や郡絵図など、城郭が描かれた絵画史料を可能な限り集成。迫力あるカラー図版に平易な解説を加えながら、中世城郭の世界へいざなう。

B5判・一四四頁／三〇八〇円

土佐派・住吉派・狩野派・琳派らの絵師たちによる百花繚乱の名品。

東京国立博物館所蔵

近世やまと絵50選

江戸絵画の名品

『内容案内』送呈

東京国立博物館編

B5判・一一二頁
二六四〇円

平安時代前期に成立し、千年近く描かれ続けてきたやまと絵。江戸期に制作の担い手となった著名な絵師の代表作など、東京国立博物館所蔵の近世やまと絵50点を精選。洗練された美意識を楽しむことができる公式図録。

【主な収録作品の絵師】
俵屋宗達・土佐光起・狩野永徳・狩野山楽
狩野探幽・住吉如慶・住吉具慶・板谷桂舟
尾形光琳・酒井抱一・田中訥言・冷泉為恭

時代仏師列伝

運慶・快慶・湛慶・院尊・隆円・善円・院誉…。時代の祈りを造形化した仏師たち！

が挙げられている。

次の「奥州南部鷹之名」は三十四を数える。「岩手」「森岡」「宮古崎」といった現在の岩手県域の他、「田名部山」などの地名も見える。現在の青森県東半分は、盛岡藩南部家と、その支藩八戸藩南部家の領地であった。

続く「陸奥鷹之名」は、最も数多い。仙台藩伊達家の領地で、その数六十八に及ぶ。「金花山」や「気仙」などの太平洋側の他、「江刺」などの現岩手県南側の地名もある。仙台藩領は、岩手県南側も含んでいたからである。

また、「羽州佐竹鷹之名」は四十、「奥州津軽鷹之名」は十九、「羽州米沢上杉鷹之名」は六、「羽州新庄戸沢鷹之名」は七である。「津軽鷹之名」には、これまで取り上げた「滝井袋」「真那板淵」「藻川」なども記されている。

ここまでは藩領別で、鷹の種類としては大鷹の出所地名ということになる。

以下は地域別で、鶴・雀鶴・隼の三種類の出所地が記されている。藩領・地域のみならず、鷹の種類によって書き分けられているのである。

鶴は四地域にまたがっている。最初は「鶴出所之名日光」で、「巣鷹」が十六、「網掛（あがけ）」が十、合わせて二十六を数える。「巣鷹」とは、前述のとおり字のごとく巣の中にいる状態の雛のことである。「網掛」は、網にかけて捕まえた若鷹のことを示す。巣か網かの違いはあるが、下野の日光は、鶴の出所地として筆頭に挙げられる地域であった。

それから、鶉出所地として「上州」「信州」「甲州」が続く。それぞれ五・十・九の地名が列挙されている。現在の栃木・群馬・長野・山梨という四県域で、鶉を捕獲することができたのである。

次の雀鷂は、「雀鷂出所之名信州」のみで、十四ヵ所で雀鷂が捕獲されていた。

一方、隼の出所地は広域に及んでいる。①「隼出所名鹿嶋」が八、②「志村」が三、③「上州」が二、④「川崎」が七、⑤「佐州」が一、⑥「岩城」が十三、⑦「松前」が八、⑧「行徳」が六、⑨「尾久」が二、⑩「相州」が一、⑪「南部」が二、⑫「遠州」が三である。合計五十六ヵ所、松前から佐渡、常陸鹿島や相模・遠江にまたがっている。

なかでも、②は「戸田隼」「徳丸隼」など、江戸の北側に位置する。④は「六郷隼」「羽田隼」「大師河原隼」など、江戸の南側である。⑧は「堀江隼」や「行徳隼」のように、江戸の東側に位置している。江戸に比較的近いところにも、こうした隼出所地があったことは注目される。それだけ生息環境が保全されていた証といえよう。

北は松前、南は薩摩

同じく宮内庁書陵部所蔵の「諸国鷹出所地名郡附[5]」は、さらに広域である。これは弘化三年（一八四六）六月に雑司ヶ谷（ぞうしがや）組の鷹匠中田甚三郎正路が作成したもので、「諸国鷹出所」のおよそ百年後に相当する。

この史料は、それぞれの出所地名にフリガナが付記されていることが非常に特徴的である。郡別に分けるなど、記述も詳細である。

最初に「松前」「陸奥」「南部」「津軽」「佐竹」「上杉」「戸沢」と、藩領別に出所地名が列挙されている。「陸奥」は仙台藩伊達家のことである。

続いて、地域別の表記で、「伊予」「信州」「濃州」「野州」「武州」「甲州」「上州」「常州」「奥州」「飛州」「遠州」「駿州」「長州」「薩州」とある。「諸国鷹出所」に記されていた地域に加えて、美濃・飛驒（現岐阜県）、長門（現山口県）、伊予（現愛媛県）、さらに薩摩（現鹿児島県）に至る地域が挙げられている。

江戸時代、北は松前から南は薩摩まで、日本全国に鷹の出所地が存在したのである。なかでも松前は最大の鷹出所地であった。松前藩も鷹の献上を積極的に推進し、諸藩の中で最大数の十五居を将軍に毎年献上している。かつて豊臣秀吉や徳川家康による全国統治に組み込まれる過程において、松前藩は鷹を贈ることなどで臣従関係を築こうとしていた。

秀吉は松前や奥羽の諸大名などに名鷹の献上を命じた。求められた側もこれに積極的な対応を示したが、献上することで秀吉の心証を良くしようという意図があったのであろう。

例えば伊達政宗の場合（当時は仙台地域ではなく、陸奥南部を領有していた）、秀吉の側から頻繁に鷹所望を受けている(6)。しかもそれは、政宗と対立関係にあった最上義光（よしあき）との和睦を命じる際であったり、すみやかな上洛を促す際であったりと、政治的な要請と同時に鷹を求めることもたびたびであった。鷹献上と政治動向とが連動していたのである。

松前藩の場合も、秀吉の求めに応じ、また自ら積極的に鷹を献じた。秀吉政権との接触の過程で、鷹を最大限有効に利用し、相手（秀吉）の望むものを快く贈ることで忠誠を示したのである。名鷹は松前藩側にとって、政治的にも重要な贈答品に位置づけられていた。

当時の秀吉は京都・大坂にいたため、松前の鷹は出羽や越後などの日本海沿岸を通って、越前・近江経由で運ばれた。それに伴い、秀吉は松前から京都・大坂に至る鷹の安全な輸送ルートを確保し、朱印状を発給することで確実な入手を目指した。

徳川将軍もこれを継承し、老中奉書を発給して松前の鷹が手元に集まるようにした。ただし、徳川将軍の拠点は江戸であるため、奥羽・下野・武蔵と陸路を運んだというルートの違いはある。しかし、いずれにしても、名鷹が為政者・権力者との関係を結ぶパイプ役として生かされたのである。

2　彦根藩井伊家の鷹拝領

献上鷹を拝領する

弘前藩津軽家や仙台藩伊達家などは、毎年一定数の鷹を将軍に献上していた。その鷹は、幕府鷹匠らによって飼養・訓練され、江戸近郊で行われる将軍の鷹狩に備えた。

一方、本書の冒頭で述べたように、彦根藩主の井伊直弼は将軍から鷹を拝領した。同じ鷹でも、将軍に献上された鷹と、将軍から拝領した鷹という違いがあった。すなわち、鷹を献上する者と、鷹を拝領する者がいたことになる。

ここでは、彦根藩井伊家を事例として、鷹の拝領に注目しよう。

全国の諸大名が、幕府の命で国替を繰り返す中、徳川譜代筆頭の井伊家は江戸時代を通じて近江彦根藩主であり続けた。井伊直政は家康に仕えて数々の武功を上げ、直孝は秀忠・家光を支え、直該（なおもり）・直幸（なおひで）は幕府大老となり、幕末には直弼を輩出した。

現在、彦根城博物館に「井伊家文書」が所蔵されており、幕政や藩政など様々な史料が残存している。鷹に関する史料もあり、井伊家が将軍からどのような鷹を拝領したのか、ということを示す史料が現存する。井伊家は江戸から国元彦根へ帰国する際に餞別として鷹を拝領したが、それと同時に幕府役人から渡された狩猟実績目録もある。そこには、その鷹が何を何羽捕獲したかという詳細な実績が記されているのである。

天明二年（一七八二）の例を紹介すると、包紙に「天明二壬寅年十一月五日　御拝領之御鷹相渡リ候節加納遠江守様ニ而戸田五介様御渡被成候　御書付　二通」とある[7]。当時の彦根藩主井伊直幸は、天明二年十一月五日に将軍から鷹を拝領した。同時に、御鷹掛若年寄加納久堅（ひさかた）から鷹匠頭戸田勝愛（かつちか）による「御書付」も二通渡されている。

その一通の「御書付」には、「雁捉　藻川　戸田五介預御鷹　同心横山権八」また「鴨捉　葛岡内山七兵衛預御鷹　同心萩原十蔵」と記されている。

この時、直幸が拝領したのは「藻川」という鷹と、「葛岡」という鷹であった。前者は「雁捉」の格式（後述）を持ち、戸田五介を鷹匠頭とする千駄木組の鷹匠同心横山権八の預かりとなっていた。後者は「鴨捉」の格式で、預かっていたのは内山七兵衛を鷹匠頭とする雑司ヶ谷組の鷹匠同心萩原十蔵であった。

もう一通の「御書付」からは、より詳しい情報を知ることが可能である。

拝領鷹一居目の「藻川」は、安永七年（一七七八）「戌十月四日」に「津軽越中守」信寧が将軍に献上した鷹であった。「藻川」は弘前藩領内の地名で、鷹の出所地を指している。そして、幕府内でこの鷹を担当したのが、戸田五介組の「同心　横山権八」と「手代り同心　藤倉大八」である。加えて、実際に鷹狩で使用された際に捕獲した獲物の種類と数も書き上げられている。真雁一羽、白雁一羽、真鴨五羽、黒鴨二羽などで、合計四十六羽を捕まえていた。

拝領鷹二居目の「葛岡」は、かつて「松平陸奥守」（仙台藩主伊達重村）が安永九年「子十月十五日」に将軍へ献上したものである。仙台藩領の「葛岡」を出所地とする鷹であり、出所地名が鷹名になっていた。内山七兵衛組の「同心　萩原十蔵」と「手代り同心　原田平五郎」が担当し、実際に鷹狩に使用された。狩猟実績も記されており、真鴨九羽や黒鴨三羽など、獲物は十九羽を数えた。弘前藩津軽家や仙台藩伊達家が将軍に献上した鷹を、彦根藩井伊家は将軍から拝領したのである。しかも、鷹狩に使用して、狩猟実績をあげた鷹であった。

また、鷹の出所地名が、そのまま鷹に付けられた名前となっていたことがわかる。これは将軍や大名にとって一般的なことで、例えば、出雲松江藩の松平不味（治郷）が所有していた鷹も、「真那板淵」や「黒岩」などのように、すべてその鷹の出所地名をもって認識されている(8)。

拝領鷹のランク

それでは、「雁捉」と「鴨捉」は何を意味するのであろうか。

まず、「藻川」が鷹狩で捕獲した鳥の中に、真雁や白雁があった。雁を捕まえたので「雁捉」という格式が与えられたのである。

一方、「葛岡」の方は、真鴨や黒鴨の狩猟実績がある。そこで、「鴨捉」という格式となった。

この両者を比較すると、「藻川」は雁と鴨両方の捕獲経験を有する。「葛岡」の場合は、鴨を捕獲したことがあるものの、雁を捕まえた経験はない。もし、「葛岡」が雁を捕らえていれば、「鴨捉」から「雁捉」に昇格していたであろう。すなわち、捕獲した鳥の中で、上位に位置づけられている鳥の名前を冠にして「〇〇捉」と付けられたのである。鴨より雁の方が上位とされていた。

しかし、注意しなければならないのは、獲物はどの鳥であっても「〇〇捉」とされたわけではないことである。「〇〇」に当てはまるのは、鶴・雁・鴨の三種類に限定されていた。雲雀のみの捕獲経験しかない場合、「雲雀捉」のような称号が特に付与されることはない。三種類のいずれかを捕獲することが重要であった。

そして、三種類の鳥は一位が鶴、二位が雁、三位が鴨という、歴然としたランクがあった。そのため、それぞれを捕獲した鷹には、「鶴捉」、「雁捉」、「鴨捉」という、やはり同様のランク付けがされたのである。「藻川」や「葛岡」が鶴を一羽でも捕獲していれば、「鶴捉」という最高位の称号を得ていたはずである。

また、「藻川」「葛岡」はいずれも若黄鷹ではないことにも注意を払いたい。前節で述べたように、弘前藩などから将軍へ献上する鷹は、初物の若黄鷹であった。それは献上の必須条件であり、未使用すなわち将軍が初めて使用するということが大前提である。これに対して、すでに大鷹へと立派に成長し、将軍や将軍名代の鷹匠らが鷹狩を行い、雁や鴨などの狩猟実績のある鷹が、彦根藩井伊家の拝領鷹となった。

この「雁捉」と「鴨捉」を拝領した天明二年（一七八二）が特殊事例かというと、決してそうではない。帰国時の恒例として、定着したことであった。

天明二年時の「御書付」と類似した史料が、「井伊家文書」に現存している。確認することができたのは、①明和七年（一七七〇）、②安永七年（一七七八）、③同九年（一七八〇）、④右の天明二年、

⑤同四年（一七八四）、⑥寛政六年（一七九四）、そして⑦嘉永四年（一八五一）の七例である。(9) これらを解読してみると、天明四年時は一居だが、他はいずれも二居ずつ、「雁捉」一居と「鴨捉」一居を将軍から拝領している。

それらをかつて将軍に献上した大名が判明することも面白い。①と②は、いずれも盛岡藩南部大膳大夫の献上鷹であった。③は二居とも秋田藩佐竹右京大夫が献上したもので、④は今述べた通りである。⑤の一居は仙台藩松平（伊達）陸奥守、⑥は松前藩松前若狭守と盛岡藩南部慶次郎、そして⑦は秋田藩佐竹次郎と仙台藩松平陸奥守が献上した鷹であった。松前・弘前・盛岡・仙台・秋田各藩とも、毎年一定の鷹を献上している。そうした献上鷹の中から、「雁捉」と「鴨捉」の格式を有するものを、彦根藩井伊家は拝領することができたのである。そのためには、それ以前に将軍の「御鷹」が雁や鴨を捕獲している必要があった。

また、将軍の「御鷹」を幕府内で預かっていたのは、鷹匠頭の戸田と内山である。天明二年の場合、井伊家は戸田組（千駄木鷹部屋）が将軍から預かっていた鷹一居と、内山組（雑司ヶ谷鷹部屋）が預かっていた鷹一居を受け取っている。

そして、この⑦嘉永四年の鷹こそ、本書冒頭に述べた直弼が将軍家慶から拝領したものであった。二居の内、一居は「鴨捉」で、「松平陸奥守」伊達慶邦（よしくに）が献上した「名取」を出所地とし、鷹匠頭「戸田久助」組が預かっていた。もう一居は「雁捉」で、「佐竹次郎」義睦（よしちか）が献上した「西山本」という鷹であり、鷹匠頭「内山七兵衛」組が将軍から預かっていた鷹である。「雁捉」は真雁など十五羽、「鴨捉」は真鴨など七羽という、それぞれの狩猟実績があった。幕末においても、彦根藩井伊家が拝領した鷹の格式に変化はなかったといえよう。

大名の格式とリンク

それは、大名の格式と拝領鷹の格式がリンクしていたからで、井伊家の格式は幕末に至るまで大きな変化がなかったためである。

全国の大名すべてが、将軍から鷹を拝領できたわけではない。拝領者は極めて限られていた。その年によって数は異なるが、およそ十家前後に過ぎない。つまり、それだけ鷹拝領は大名にとって誉れ高きことでもあった。拝領するかしないかという差は、将軍との親疎関係を象徴するものとなる。将軍の所有物を得ることは、拝領者にとって将軍からの信頼の証を得ることにもなるだろう。

具体的に見ると、安永二年（一七七三）の場合、帰国の餞別として鷹を拝領したのは、①尾張藩徳川宗睦、②紀伊藩徳川重倫、③福井藩松平重富、④金沢藩前田治脩、⑤高松藩松平頼真、⑥会津藩松平容頌、⑦彦根藩井伊直幸、⑧松山藩松平定静、⑨姫路藩酒井忠以の九人である。

この内、①と②は徳川御三家である。もう一つの水戸徳川家の場合は、藩主が江戸常駐で、原則として帰国しない。そのため、餞別としての鷹拝領の機会はなかった。

また、③の越前松平家は徳川一門大名で、家康の二男結城秀康の流れを汲む家柄である。④の前田家は外様大名の筆頭であるが、徳川将軍家の外戚でもあった。

次の⑤から⑧の四家は、溜詰（たまりづめ）と呼ばれる大名である。大名それぞれの格式によって、江戸城内の殿席が異なっていた。その一室、溜間に詰めた大名が溜詰で、井伊家もここに含まれている。彼らは、幕政の重要な審議事項に参与するなど、特別待遇を受けていた。幕府の元老・顧問的立場にあったと考えればよいだろう。

一方、⑨姫路藩酒井家は、江戸城の帝鑑間詰大名である。帝鑑間詰であることが鷹拝領の理由ではなく、先代が溜詰に列席した経験があるなど、先祖の功績・格式によって拝領することができた。酒井家は徳川譜代の中でも有数の家柄である。

帝鑑間詰大名は溜詰大名より格下であるが、溜詰に昇格する大名もいた。溜詰は帰国時に鷹を拝領するのが先例となっていたため、これに昇格した大名も鷹を拝領したのである。家格の上昇に伴って鷹拝領の資格を得たのであり、鷹と大名家格との密接な繋がりを見出すことができる。

総じていえば、幕府の重鎮や幕政の顧問的立場にいる大名に対して、将軍がその功を労（ねぎら）うため、帰国の餞別として鷹を与えたのである。

しかし、こうした大名たちが、一律同等の扱いで鷹を拝領したかというと、そうではない。鷹そのものに歴然とした差が設けられていた。すなわち、「鶴捉」を拝領できたか、「雁捉」や「鴨捉」のみの拝領であったか、という差である。

鶴を捕獲した経験を有する鷹が「鶴捉」だが、これを拝領したのは①尾張徳川家と②紀伊徳川家のみであった。雁や鴨よりも、鶴の方が上位に位置づけられ、鳥の中では最も珍重されていた。そのため、「雁捉」・「鴨捉」より「鶴捉」の方が上位の格式を与えられた鷹であった。

尾張・紀伊の両徳川家は、将軍家に最も近しい家柄であり、八代将軍吉宗が紀伊徳川家の出であることに代表されるように、将軍家に嫡子がいない場合はそれを継ぐことがあった。同じ大名とはいえ、将軍との親疎により、③以下の大名とは差がある。それは「鶴捉」拝領の有無という形でも、明確な線引きがされたのである。拝領鷹のランクは大名の家格と密接にリンクしており、格式重視の様相を呈していた。

そして、彦根藩井伊家の場合は、帰国時に鷹二居を将軍から拝領したが、その内訳は「雁捉」と「鴨捉」一居ずつであったのである。献上鷹に「上」や「中」のようなランクがあったように、拝領鷹にも「鶴捉」や「雁捉」などのランクがあった。

名誉と出費

高松藩松平家も井伊家と同じく溜詰で、帰国に際して将軍から鷹を拝領することが恒例となっていた。次の史料は、高松松平家の系譜「松平家記」の一節である。[10] 興味深い内容であるので、原文を掲げよう。

一、宝暦九年参勤の節より、道中行列ニ鷹居させ候義相止申候、是ハ大猷院殿より御免許にて、元祖頼重以来、道中筋何れの領地に構なく鷹遣ひ来り、尾・紀・水三家の外、例無之義にて代々眉目に仕候へ共、鷹師・餌指等も召連、彼是失費有之、無益の義ニ付、相止中候、但、帰国道中ハ御暇の節御鷹拝領も有之候に付、道中行列ニ鷹居せ、時々遣方も有之候、

宝暦九年（一七五九）当時の高松藩主は、第五代の松平頼恭（よりたか）である。頼恭はこの年から、高松から江戸への道中行列に鷹を加えることを中止した。

高松松平家は初代頼重以来、将軍家光からの「御免許」により、参勤交代の「道中筋何れの領地に構なく鷹遣」うことが許可されていた。そうした「御免許」は尾張・紀伊・水戸の徳川御三家の他に例がなく、同家にとっては代々の「眉目」＝名誉であった。

しかし、鷹を行列に加えるには、それを専門的に扱うことのできる鷹師（鷹匠）・餌指（餌差）などの役人も引き連れていかなければならない。実は、そうしたことが相当の「失費」となっており、「無益」なことと感じていた。そして、頼恭は藩の財政難を理由に、道中行列に鷹を加えないことを定めたのである。

ただし、江戸から高松までの帰国道中は、将軍から暇を与えられる時に「御鷹拝領」もある。その際には、鷹を行列に加えて、道中で時折鷹狩をすることもあるという。

頼恭は、鷹拝領および道中鷹狩許可の名誉と、行列に鷹を加えることに伴う出費、この二つを天秤にかけたのである。将軍からの鷹拝領を断るわけにはいかない。自らの領地でない道中で鷹狩をする

ことが許されているのは御三家と高松松平家のみで、その名誉を取り下げることもできない。だが、鷹師や餌指を同行させるのも出費が嵩む。鷹の餌や道具も必要となる。

そこで、従来は①江戸へ向かう際には所持している鷹を連れ、②高松へ帰国する際には将軍から拝領した鷹を行列に加えていたが、宝暦九年以降は①を取り止めることとした。②のみを継続すれば、名誉を落とすことにはならず、出費も減らすことができる。それが高松松平家としての「眉目」を保ち続けることであり、将軍からの「御免許」を存続させることであった。

鷹を拝領することができる大名にとって、その鷹自身が負担の一因ともなった。それでも拝領を継続したいという、大名側の苦難をうかがい知ることができる。高松松平家に限らず、鷹拝領が許されている大名は、幕末までそれを拒否することはなかった。「御鷹」拝領は大名のステータスを示すものでもあり、経費が嵩むとしても、将軍から鷹を拝領するという名誉を選んだのである。

これは大名にとって重要な問題で、どの大名より上にいるか下にいるか、あるいは同等であるかを常に意識していた。例えば大名の官位に関して、同等の大名間（仙台藩伊達家と薩摩藩島津家、会津藩松平家と彦根藩井伊家など）で片方が昇進すればもう片方も昇進を願うという運動が行われ、そこでは幕府の実力者に対する政治工作も行われていた。それほど将軍との親疎関係や、他の大名とのバランスは、自家の位置づけを定める意味で重要であった。

また、注意する必要があるのは、幕府側も多大な出費をしているということである。しかし、徳川社会は先例重視・格式重視の社会であり、一度固定化すると、それを変更することは容易ではない。弘前藩津軽家の場合は、何が何でも献上鷹五居を揃える必要がある。献上数は異なっても、松前藩や仙台藩なども同様である。幕府はそうした献上を受けて、鷹狩に使用し、鶴や雁・鴨を捕獲しなければならない。尾張徳川家には「鶴捉」と「雁捉」の鷹、彦根藩井伊家には「雁捉」と「鴨捉」の鷹を、帰国時に与えなければならないからである。

そして、日常的に鷹狩を行うのは鷹匠らのつとめで、彼らが江戸近郊を駆け回って鶴などを捕獲した。将軍自身が鷹狩に赴かなくとも、鷹匠らが扱う鷹は将軍の「御鷹」であり、その「御鷹」が拝領者の手に渡ったのである。

獲物の献上

帰国時に将軍から鷹を拝領した大名は、拝領さえ済ませばそれで終わりというわけではなかった。国元に戻ってから鷹狩を行い、その獲物を将軍に献上しなければならなかった。しかも、「鶴捉」の鷹を拝領した場合は獲物の鶴を献上し、「雁捉」・「鴨捉」を拝領した際は雁・鴨を献上した。将軍からの鷹拝領と、将軍への獲物献上は、互いに連動していたのである。

まず、「鶴捉」を拝領した例として、紀伊徳川家を取り上げる。「勢州御鷹場之件旧記」[11]に「御帰国御暇之節、御拝領之御鷹勢州へ被遣、為御捉被遊候鶴　公儀へ御献上に相成候」とある。紀伊家当主が和歌山へ帰国した際、将軍からの「御拝領之御鷹」を伊勢国へ遣わし、そこで捕獲した鶴を「公儀」すなわち将軍に献上することとなっていたという。

伊勢国は、紀伊徳川家が将軍から拝領した鷹場があり、帰国後にその鷹場で鷹狩を行うことがあった。ただし、ここでは藩主自らが伊勢で鷹狩を行ったかどうかは問題ではない。居城のある和歌山に滞在したままであっても、拝領した鷹を実際に使用することが重要であった。

この鶴献上は、「帰国御礼」として行っている。それは「雁捉」「鴨捉」拝領者も同様である。越前松平家にしても、会津松平家にしても、帰国してから、拝領した鷹を使い、獲物の雁と鴨を将軍に献上している。これは、鷹を拝領した大名が、それぞれの領内に鷹場を有していたことも示している。実際、彼らが国元で鷹狩を行っていることは、現存する史料から確認することができる。

では、寛政二年（一七九〇）の井伊家を事例に、帰国後の獲物献上を見てみよう。その状況を示す史料として、「井伊家文書」に「御入部　御献上之雁・鴨、御手ニ入、御残り鴨相揃候ニ付、御仕立出来、江戸表江被指下候一件留」と題されるものがある。(12)寛政二年十二月に彦根藩の「御鷹御用頭取」をつとめていた鈴木平兵衛が書き留めた史料である。

この前年に彦根藩主に就任した井伊直中は、藩主となってから初めての「御入部」＝帰国が許され、「御例格」の通り鷹を拝領し、国元に持ち帰った。

彦根到着は寛政二年六月九日で、十二月に真雁・真鴨一羽ずつを将軍に献上している。

また、「御残り」として、幕閣への鴨の進呈も同時に行っている。「御残り」とは、将軍への献上を済ませた上で、なお残ったものを示す。弘前藩津軽家が将軍に献上して残った鷹を幕閣や諸大名に進呈したのと同意である。その相手は、老中松平定信・鳥居忠意・松平信明・松平乗完・戸田氏教、老中格本多忠籌、若年寄安藤信成、京都所司代太田資愛であった。いずれも真鴨一羽ずつであるが、京都所司代への真鴨は「生鳥」、生きたままのものを贈っている。

この「一件留」には、実際に将軍から拝領した鷹についても記されている。「御拝領　平沼雁捉御大鷹」と「御拝領　柳埒鴨捉御大鷹」である。彦根藩ではそれぞれの鷹を預かる担当者を決め、前者は松村善介、後者は村田甚兵衛が預かることとなった。「平沼」は盛岡藩領、「柳埒」は松前藩領である。これらの地域から将軍のもとに献上された鷹を、直中が将軍から拝領した。この時も「雁捉」と「鴨捉」一居ずつであり、先例に則ったものであることがわかる。

拝領鷹も直中自身も江戸から彦根に到着すると、早速、「御献上御鷹野御初メ」が計画・実行されている。この「一件留」を書き留めた鈴木平兵衛は、十一月六日に「御献上御鷹野御初メ」を行うかどうかの伺いを立てている。そして、三日後の十一月九日に行われることが決まり、彦根藩の家老や用人・目付など、藩全体で準備を進めることとなった。

直中にとっては初めての帰国であり、初めての鷹拝領である。その上、藩領内での初めての鷹狩でもある。こうした藩主の帰国に伴う鷹狩は恒例行事として定着しており、それに沿う形で実施された。また、「御賄中」の者たちに対して、「御献上御鳥」が手に入れば、「御供之面々」への「御祝儀御酒・御吸物」も必要となるので、その支度をするようにとの指示が出されている。

迎えた十一月九日、直中は八坂村（現滋賀県彦根市）で昼食の「御弁当」を済ませ、そこで「御献上之鴨雄壱羽」を入手した。捕獲したのは、林重右衛門が預かっていた「米沢御大鷹」であった。「米沢」は米沢藩上杉家の領内を出所地とする鷹である。

続いて同月二十二日、今度は磯村（現滋賀県米原市）で「御弁当」を取った後、中多良村（現米原市）で「御献上之雁」の入手に成功した。これを捕獲したのは、朽見助五郎預かりの「平岡御大鷹」である。「平岡」は仙台藩伊達家の領内にある地名である。

どういうことであろうか。これらの鷹狩によって、将軍に献上する雁と鴨が揃ったわけだが、実際に捕獲した鷹と、将軍から拝領した鷹が違っている。

もう一度確認すると、直中が将軍から拝領した「雁捉」の鷹は「平沼」で、将軍への「御献上之雁」を捕まえた鷹は「平岡」である。また、将軍から拝領した「鴨捉」は「柳堋」で、将軍への「御献上之鴨」を捕まえたのは「米沢」であった。

それぞれの鷹を預かっていた鷹匠も異なる。拝領鷹の「平沼」は松村、「柳堋」は村田であり、「平岡」は朽見、「米沢」は林が担当していた。

つまり、これでも特段の問題はなかったのである。「平沼」と「柳堋」は江戸から彦根に到着したばかりであり、環境にまだ慣れていない点もあっただろう。しかし、彦根藩としてはすぐに鷹狩を行って、獲物の雁と鴨を献上する必要に迫られていた。そこで、以前から国元で鷹狩に使用していた鷹が選ばれ、「米沢」と「平岡」が成果を上げたのである。

重要なことは、拝領直後の鷹でなく、他の鷹で代行する形であっても、早急に獲物（「御鷹之鳥」という）を献上することにあった。「御鷹」と「御鷹之鳥」との関係は、拝領物に対する返礼品の関係で、帰国直後に献上することが将軍への臣従の証でもあった。

弘前藩津軽家などによる鷹献上と、将軍の鷹狩（代行の鷹匠を含む）と、彦根藩井伊家などの鷹拝領が繋がっていたように、拝領後の鷹狩（代行の鷹匠を含む）と、その獲物の献上も、すべて一連の行為として連動した構造を持っていたのである。その中心に将軍が君臨し、鷹を通じての大名支配・統制を行っていた。

井伊家所有の鷹

弘前藩津軽家のように将軍へ鷹を献上する大名もいれば、彦根藩井伊家のように将軍から鷹を拝領する大名も存在した。しかし、井伊家は拝領をただ待っていただけではなく、自主的に鷹を入手することもあった。例えば井伊直幸は、前述のように安永二年（一七七三）に津軽家が将軍に献上した残りの鷹を受け取っている。柳川藩立花家などの大名も津軽家から鷹を進呈されていたことは、すでに述べた通りである。

では、井伊家の場合、どのくらいの数の鷹を持っていたのであろうか。ちなみに安永五年時の津軽

表3　安永8年における彦根藩井伊家の鷹（「井伊家文書」813より作成）

番号	鷹の種類	将軍より拝領	担当の彦根藩鷹匠
①	仙北雁捉大鷹	拝領	松村善介
②	北郡雁捉大鷹	拝領	松村善介
③	秋田大鷹		朽見助五郎
④	黒岩鴨捉大鷹	拝領	藤本作十郎
⑤	南部戸鉱山大鷹		水谷佐左衛門
⑥	雄勝郡大鷹		藤本源十郎
⑦	巣ヶ谷鷂		藤本源十郎
⑧	津軽大鷹		山口善之丞
⑨	戸沢雁捉大鷹		山口善之丞
⑩	奥州鮎川湊大鷹		山口小介
⑪	七戸尾駮黄鷹		山口小介
⑫	三塒鷂		小森作兵衛

家は、自身の「御使鷹十五居」を所持していた。

彦根藩の鷹に関する触れなどが記された「御書留」という史料が数点現存している。作成者は藩の鷹関係役人であり、藩が所有していた鷹の状況を知ることができる。その中から、安永八年三月時における鷹を表3に列挙した(13)。

当時は十二居の鷹を所持していたのである。ここに挙げられていない鷹があるかもしれないが、大幅に増えることはないと思われる。人名は、それぞれの鷹を預かった彦根藩の鷹匠である。

以上の内、①と②と④には「拝領」とある。これらは将軍から「拝領」した鷹であり、「雁捉」または「鴨捉」であった。①の「仙北」は秋田藩領、②の「北郡」と④の「黒岩」は盛岡藩領の地名である。かつて秋田藩佐竹家や盛岡藩南部家が献上した鷹を、将軍が鷹狩に使用し、雁や鴨を捕獲する

成果を上げた。その「雁捉」や「鴨捉」の鷹が、帰国する彦根藩主の井伊直幸に与えられたというこ
とになる。

それ以外の鷹には「拝領」と記されていないが、将軍を介さず、独自に入手した鷹であることを示
している。③は秋田藩領、⑥・⑩は仙台藩領、⑧は弘前藩領、⑨は出羽新庄藩領などのように、奥羽
諸藩領を出所地とする鷹で構成されていた。

特に、⑧の「津軽大鷹」は、安永二年に直幸が津軽家から入手した鷹と考えられる。その前後に、
津軽家から鷹の進呈を受けた形跡がないからである。入手当時はその年生まれの「若黄鷹」であった
が、すでに「大鷹」に成長を遂げていた。

これらのように、井伊家が所持した鷹は、将軍から拝領した鷹と、独自に入手した鷹とがあった。
しかし、拝領鷹の方が、より丁重に扱われていた。同じ「御書留」によると、安永七年十月に、鷹
の預かり担当が定められている。②は朽見助五郎、④は山口善之丞と朽見右源太が預かることとなり、
この二居は「何も拝領之義大切之鷹」であるので、「随分念入飼餌等」をして粗末に扱わないように
と指示された。また同時に、③を林多一郎、⑦を村田喜助が預かったが、それらは「飼餌等麁抹無之
様、念入可相勤候」というのみである。

将軍からの「拝領」鷹は、特に「大切之鷹」として認識されていたといえよう。

家老へ下げ渡す

鷹を諸方面から入手した井伊家は、家臣に鷹を与えることがあった。ただし、井伊家家臣の系譜を編纂した『侍中由緒帳』(14)を見ると、すべての家臣が鷹を与えられたのではなく、家老などの上級家臣に限定されていた。将軍が鷹を与えた者が限られていたことと相通じる。

藩主からの鷹拝領を確認できたのは、木俣・庵原・長野・西郷・中野・小野田・脇・印具の八家で、いずれも家老などをつとめた家柄である。系譜史料を元にしているので、これに記載されていることがすべてであるとはいい得ない。それでも、おおよその傾向を読み取ることができるだろう。

なかでも、最も多く鷹を拝領しているのは木俣清左衛門家である。井伊家筆頭家臣の家柄で、代々家老をつとめている。大名家臣でありながら、石高は一万石と大名並みであり、木俣家の二十一回の鷹拝領を『侍中由緒帳』に見ることができる。

享保九年(一七二四)の木俣守貞の場合、藩主の井伊直惟が国元で鷹狩を行い、領内の犬上郡土田村で休息した際、その「御供」が命じられた。それだけではなく、「御懇之御意」と「先祖之儀」という理由によって、守貞は直惟から鷹を拝領している。

延享五年(一七四八)、木俣守将は「御鶺一居」を拝領した。同時に、「心任」に鷹狩を行うことも許可されている。

また守将は、寛政四年(一七九二)十一月二十日に藩主の直中から大鷹一居を拝領している。それは、「御家督後未御鷹不被下置」という理由であった。直中が井伊家の「御家督」を継いだのは寛政元年のことで、新藩主就任によって、守将は鷹を拝領することができたのである。藩主交替と、筆頭家老木俣家の鷹拝領は、連動していたと見受けられる。

一方、かつて家老をつとめ、すでに隠居していた長野業利は、宝永七年（一七一〇）に直惟から「御鷹」を拝領した。その理由は「隠居之慰」であった。

そして、庵原朝郁も大鷹一居を拝領している。それは寛政四年十一月二十日で、木俣守将と同日である。藩主の直中は、江戸に滞在することが長くなり、その留守中の彦根をよく治めたとして、朝郁に大鷹と羽織を与えた。さらに、直中の江戸滞在中に領内で鷹狩を行うことも許可している。この時に、朝郁が拝領したのは「米沢大御鷹一居」であった。「米沢」の鷹といえば、二年前の寛政二年における直中初帰国で鷹狩に使われ、捕獲した鴨が将軍に献上された。その後も直中の鷹であり続けたわけだが、ここで直中は朝郁に「米沢」鷹を下げ渡したことになる。将軍への献上鴨を捕獲した鷹を拝領したわけであり、五千石の庵原家としても非常に名誉なことであっただろう。

繰り返しになるが、彦根藩井伊家が所持していたのは、将軍から拝領した鷹か、あるいは奥羽諸藩などから進呈された鷹である。その中で後者は、折を見て家臣に与えることがあった。

将軍が鷹狩に使用した鷹が井伊家に下賜されたように、井伊家が鷹狩に使用した鷹が井伊家家臣の手に渡ったのである。これは井伊家に限らず、尾張・紀伊の両徳川家、会津・福井・高松・松山の各松平家、金沢の前田家なども同様であろう。

つまり、松前や奥羽を出所地とする鷹が、全国各地を飛び回ったのである。

3　大名間の鷹贈答

幕政の影響

江戸時代、良質の鷹の出所地は限られており、松前および奥羽諸地域が大半を占めていた。そうした地域は松前藩領および奥羽諸藩領であり、鷹の出所地となる巣鷹山の管理・運営は各藩が行っていた。そして、各藩は確保した鷹の中から将軍に献上するのにふさわしい鷹を選んだため、将軍のもとには全国諸地域から良質の鷹が集まることとなった。

弘前藩津軽家も定期的に将軍へ鷹を献上していた大名であった。この津軽家の公式記録である「弘前藩庁日記」[15]は、一部の欠本があるが、寛文元年（一六六一）から慶応四年（一八六八）までが現存しており、それは「国日記」と「江戸日記」に分かれている。この日記を見ると、津軽家は毎年のように将軍へ鷹を献上していることがわかる。

しかし、同時に津軽家が諸大名へ鷹を進呈している記事も多く目にする。その中から、寛文〜寛延期の進呈先をまとめてみると、時代による差異のあったことがわかる（表4）。

表4　寛文～寛延期における弘前藩津軽家の鷹進呈相手（「江戸日記」より作成）

年次	将軍	弘前藩主	幕府役人	御三家	徳川一門	外様大名	譜代大名	その他	総計
寛文10年(1670)	家綱	信政		1					1
寛文12年(1672)	家綱	信政	1	1		1	1	1	5
延宝元年(1673)	家綱	信政	3	5	1	4	1	3	17
延宝2年(1674)	家綱	信政		2		1	1		4
延宝3年(1675)	家綱	信政	2	4	1	1	1		9
延宝4年(1676)	家綱	信政	1	3			1	2	7
延宝5年(1677)	家綱	信政	1	4	1	1	1	2	10
延宝6年(1678)	家綱	信政	1	2		1	1	1	6
延宝7年(1679)	家綱	信政	1	3	1		2	1	8
延宝8年(1680)	綱吉	信政		3					3
天和元年(1681)	綱吉	信政	1	5	2	1		3	12
天和2年(1682)	綱吉	信政	3	2	1		1	1	8
天和3年(1683)	綱吉	信政	3	1	1				5
貞享元年(1684)	綱吉	信政	2	1	1				4
貞享2年(1685)	綱吉	信政		1		1			2
貞享3年(1686)	綱吉	信政		2		3		1	6
貞享4年(1687)	綱吉	信政				1			1
元禄3年(1690)	綱吉	信政			1	1		1	3
元禄4年(1691)	綱吉	信政			1	1		1	3
元禄5年(1692)	綱吉	信政			1	1		1	3
※中断期									
正徳3年(1713)	家継	信寿			1				1
正徳5年(1715)	家継	信寿			1	1	1		3
享保元年(1716)	吉宗	信寿	1		1				2
享保3年(1718)	吉宗	信寿			1				1
享保4年(1719)	吉宗	信寿			1				1
享保5年(1720)	吉宗	信寿			1	1	1		3

享保6年(1721)	吉宗	信寿			1	1			2
享保7年(1722)	吉宗	信寿					1		1
享保8年(1723)	吉宗	信寿			1				1
享保9年(1724)	吉宗	信寿			1				1
享保10年(1725)	吉宗	信寿			1	1	1		3
享保11年(1726)	吉宗	信寿					2		2
享保12年(1727)	吉宗	信寿		1	1	1			3
享保13年(1728)	吉宗	信寿					1		1
享保14年(1729)	吉宗	信寿			1	1			2
享保15年(1730)	吉宗	信寿					1		1
享保16年(1731)	吉宗	信著					1		1
享保17年(1732)	吉宗	信著					1		1
享保19年(1734)	吉宗	信著				1			1
享保20年(1735)	吉宗	信著				1			1
元文元年(1736)	吉宗	信著					2	1	3
元文3年(1738)	吉宗	信著						1	1
元文4年(1739)	吉宗	信著				1	1		2
元文5年(1740)	吉宗	信著				1			1
寛保元年(1741)	吉宗	信著				1			1
寛保2年(1742)	吉宗	信著		1					1
寛保3年(1743)	吉宗	信著					1		1
延享元年(1744)	吉宗	信寧						1	1
延享2年(1745)	家重	信寧				1	1		2
延享3年(1746)	家重	信寧					1		1
延享4年(1747)	家重	信寧					1		1
寛延元年(1748)	家重	信寧				1			1
寛延2年(1749)	家重	信寧	2						2
寛延3年(1750)	家重	信寧					1		1
寛延4年(1751)	家重	信寧					1		1

平均すると年二件の進呈であるが、全く進呈が行われていない年もあり、件数の多い年との差が歴然としている。次章でも述べるように、綱吉・家宣・家継は自身で鷹狩を行っておらず、その上、綱吉は元禄六年（一六九三）に鷹献上の停止命令を出している。この元禄六年から正徳二年（一七一二）までの二十年間、津軽家は全く進呈を行っていないのである。明らかに幕政の影響を受けてのことであった。

その期間を便宜上「中断期」と表記しよう。すると、中断期以前と中断期以後でも、大きな違いのあることが判明する。中断期以後、正徳三年以降は年一、二件と進呈先は安定している。それに対して中断期以前、元禄五年以前は年三件以上が多く、その年によっても大きな差がある。延宝元年（一六七三）の場合は十七件に及ぶ。

中断期以前、津軽家は多くの鷹を将軍家綱へ献上しており、年によって数居ずつを三度、四度と献上していたことが「江戸日記」から確認できる。同時に諸大名への進呈も多数であった。将軍も諸大名も頻繁に鷹狩を行っていた時代で、鷹の需要も非常に多かったといえる。

また、中断期は将軍への鷹献上が停止していたため、諸大名への進呈もその影響を受けて、一時中断することとなった。幕府が諸藩に対して鷹狩を禁止したわけではないが、将軍の動向次第で左右されたのである。

一方、次章で述べるように、津軽家は享保元年（一七一六）に将軍への鷹献上を再開する。この享保期以降は、毎年の鷹献上数が五居と固定化し、その影響で諸大名への進呈数も一居か二居で安定した。ただし、献上再開より前から、津軽家は鷹進呈を始めている。これは、宝永六年（一七〇九）の綱吉死去後、独自に鷹狩を展開していた大名が複数存在し、津軽家に鷹を求めていた影響であるが、これも次章で扱う。

そして、中断期以前より以後の方が少ないのは、鷹狩を行う大名が減少したことや、鷹の需要が減少したこと、鷹自体の減少も想定できる。また、中断期以前に比して将軍・諸大名の鷹狩の機会が減ったため、鷹の需要も同時に少なくなったとも考えられる。しかし、それでも鷹狩自体は継続され、よりシステム的になり、一定数を安定供給すれば良くなったのである。

なお、弘前藩は五居で固定したが、松前藩は十五居、仙台藩は七居、秋田藩は五居など、献上数には差があった。これは、従来の献上実績を鑑みて算定された数字で、それぞれに捕獲可能な見込みの数であったと思われる。

将軍近親者への進呈

さらに、諸大名へ進呈する月日も、将軍への鷹献上との関係があった。

十・十一月の進呈が圧倒的に多い。これは、津軽家が八月から十月にかけて国元で集めたその年生まれの若鷹を、十・十一月頃にまず将軍へ献上し、その直後に諸大名へ進呈するからである。そのため、進呈される鷹は献上の「御残鷹」と表現される場合もあった。

津軽家が鷹を進呈した相手は、その年によって異なる。御三家・譜代大名・外様大名の区別や、居城の場所、石高の規模などは、贈り先の基準となっていない。なかには、旗本や大名嫡子、大名家臣に進呈している例もある。また、大老・老中など、幕府役人に偏っているわけでもない。

ただし、中断期以前と以後とでは傾向が違う。中断期以前は御三家への進呈回数が非常に多いことに気が付く。また、当時の幕閣の中枢にあった者たちへ、例年のように津軽家は鷹を進呈している。こうした将軍近親者である御三家や幕閣への鷹進呈は、津軽家側から積極的に行ったものと思われる。鷹進呈を通じて、将軍周辺への接近とその継続を意図したのであろう。

延宝元年（一六七三）、将軍家綱への鷹献上を済ませた津軽家は、その後に諸大名へ鷹を進呈し、鷹一居を水戸宰相光圀へ進呈している。水戸徳川家付家老の中山備前を通じ、津軽家側から「宰相様へ黄鷹進上中度」と積極的にはたらきかけており、指図があれば屋敷まで進上することを伝えた。実際に光圀への鷹進呈が行われているが、水戸家だけではなく、御三家への鷹進呈は、嫡子への進呈を含めて恒例となっていた。津軽家も当初からその予定で、国元出立前に御三家に進呈するための鷹を選んでおり、将軍への献上鷹とともに江戸へ運んでいたのである。

津軽家側からの積極的な鷹進呈は、幕閣の中心人物へも同様であった。具体的には、延宝期の大老酒井忠清、天和期の大老堀田正俊、天和・貞享期の側用人牧野成貞がそれである。いずれも将軍を支えた幕府の実力者であった。また、忠清の嫡子忠挙（ただたか）と、正俊の嫡子正仲（まさなか）の場合も、これに関連した進呈と考えられる。

彼らへの進呈は、津軽家からの自主的なアプローチであろう。幕閣中心人物への鷹進呈が津軽家側から積極的に行われたことは、綱吉の将軍就任に伴って大老を罷免された酒井忠清とその嫡子忠挙には、それ以後全く進呈していないことからもわかる。

これらの御三家や幕閣中心人物へ鷹を進呈する行為は、将軍への献上も同様だが、相手の心証をよくしようという意図があったと思われる。

津軽家の進呈先は将軍近親者ばかりではない。幅広く、全国の諸大名に鷹を進呈しており、大名間の交際にも鷹が利用された。こちらも相手によい印象を与えるものであり、幅広く親密な友好関係を維持するために、鷹贈答が有効活用されたのである。

しかし、中断期以前に顕著だった将軍近親者への進呈は、中断期以後には減少している。これは決して、将軍近親者が軽視されたというわけではない。将軍が多くの鷹を欲すれば、献上する鷹の数は多くなり、同時に将軍近親者にも贈られるというように、鷹狩の気運は全体的に上昇する。ところが、将軍の鷹狩頻度が減ると、近親者も機会が同様に減っていた。やはり将軍の意向・動向次第で左右されたのである。それぞれの財政状況も影響しただろう。

そして、姻戚関係を結んでいた相手への進呈も、津軽家側から積極的に行われたものと考えられる。例えば、松平康久の娘は津軽信義の妻であり、土井利房の妻は津軽信義の娘であった。また、久世暉(てる)

之の妻は津軽信寿の娘、松平忠恒の妻は津軽信興の娘にあたる。こうした関係で、津軽家は松平康久や土井利房・久世暉之・松平忠恒に鷹を進呈した。尾張徳川家の家臣である松平康久に対しては、鷹匠を尾張まで派遣して渡している。

慶事に鷹を所望

一方、鷹が欲しいという相手からの所望が津軽家に伝えられ、それに応じて鷹を進呈する場合がある。津軽家の日記には「御所望」「御約束」「御無心」などと表記されている。そうした表記がない場合でも、将軍近親者や姻戚関係者を除くほとんどが、相手からの所望によるものと考えられる。

その中でまず注目したいのが、慶事に鷹を求めるという事例である。喜び事や祝い事のあった大名家が、津軽家に鷹を所望している。

薩摩鹿児島藩主島津吉貴の嫡子継豊は、享保五年（一七二〇）に初めて鹿児島への帰国の暇が許された。継豊は元禄十四年（一七〇一）生まれで、当時は二十歳であった。継豊の帰国は享保五年十月二十七日に幕府の許可があり、十一月五日に江戸を出立し、翌年一月に鹿児島へ到着している(16)。

その記念すべき初入国にあたり、継豊は津軽家に対し鷹の所望を申し出たのである。この時、弘前藩主の津軽信寿は国元弘前に在国中で、江戸には嫡子の信興がいた。鷹の所望は、この信興を通じて行われている。信興は早速弘前の信寿に連絡をとり、その意志をもって継豊に鷹を進呈することが決まった。

鷹が弘前を出立する九月一日の「国日記」には、「松平薩摩守様御嫡大隅守様、初而御入国ニ付、先達而御鷹御所望有之候」とあり、継豊（大隅守）の鷹所望は「初而御入国」を理由としていることが明確である。その鷹は九月二十日に江戸に到着し、二十七日に継豊は津軽鷹を希望通り入手することができた。

その際、津軽家の使者となった聞役（ききやく）＝留守居の大橋が述べた「御口上」には、継豊に対する信寿の意思が伝えられている。それは、「大鷹所望の件は委細承知した。将軍への鷹献上の時節に鷹を進呈するようでは、継豊が国元鹿児島へ向かう江戸発足時に間に合わないかもしれない。しかし、国元に大鷹二居が繋ぎ留めてあったので、これを進呈する。鹿児島までの帰国道中に持参してもらえれば『本望』である。委細は『御書付』に認めてある」というものであった。

継豊は初入国という慶事にふさわしい物として鷹を所望した。その意識は津軽家側も同様で、慶事を祝う形で鷹を進呈しているのである。本来は将軍への鷹献上を終えた後で、諸大名に進呈するのであるが、それでは日程上、帰国時に間に合わない。そこで津軽家側は、すでに所持していた大鷹二居を進呈することとした。

将軍への献上より前であるにもかかわらず、継豊の帰国道中に進呈した鷹が持参されることを、津軽家としては「本望」であるとしている。津軽家は島津家の慶事に、所望通りの鷹進呈をもって助力しようとしていることがわかる。帰国の行列に、特に初入国に鷹を加えることは意義あること、慶事にふさわしいことと認識されていたのである。

このような慶事に伴う鷹進呈は、初入国の時ばかりではない。延宝七年（一六七九）十一月十日に鷹を入手している酒井忠能(ただよし)は、同年九月六日に幕府奏者番の任務をゆるされたばかりである。秋田藩主佐竹義処(よしずみ)の場合は、参勤交代の帰国直後に津軽家から鷹を贈られている。

また、元禄三年（一六九〇）、大納言に任じられた尾張徳川家の光友には、その翌年に黄鷹二居と鶬三居を贈っている。元文元年（一七三六）に鷹の進呈を受けた板倉勝澄は、同年四月に初めて帰国の暇が許されていることとの関係が考えられる。黒田直純が鷹を入手した延享二年（一七四五）は、廃城となっていた久留里城が竣工した年にあたる。延享四年の植村恒朝(つねとも)は、同年四月に大坂定番(じょうばん)の任務を辞している。

以上のように、参勤交代の帰国や、官位昇進、幕府役儀の就任・辞任という慶事を契機として、諸大名は鷹を所望する場合があった。鷹は慶事に適したものとして認識されており、そうした点からも頻繁に鷹贈答が展開されていた。鷹は将軍や大名にとって慶事・祝事の象徴という意識があったのである。

鷹狩好きの大名

鷹狩好き、これも諸大名が津軽家に鷹を所望する大きな理由であった。

例えば元文元年（一七三六）、備後福山藩主の阿部正福(まさよし)は、津軽家に鷹の所望を申し出た。ただし、最初にそれをはたらきかけたのは津軽家側からであった。というのも、津軽家は以前から阿部が「御鷹御数寄」であることを熟知していた。そして、家臣を通じて「献上之御鷹残一居」があるので、望みがあれば進呈することを伝えた。阿部側はその鷹を所望し、津軽家は無事に進呈を済ませた。鷹好き・鷹狩好きであることが鷹進呈の契機になっていることが明瞭であろう。

この阿部以外にも、鷹狩を好む大名は多い。それは、同一人物が繰り返し鷹進呈を所望していることからも窺うことができる。

酒井忠能は、津軽家から鷹を三度入手しているが、一度目と二度目は信濃小諸藩時代、三度目は駿河田中藩時代であった。藩領がどこにあるかは問題ではなく、忠能個人としての意向で、鷹を所望したのである。

また、福井藩主松平昌親の場合は、元禄三年（一六九〇）から同五年まで三年連続で入手している。平戸藩松浦家は藩主鎮信（しげのぶ）だけでなく、嫡子棟（たかし）と次子昌（まさし）も別個に鷹を得た。尾張徳川家付家老の成瀬家は正親・正泰と二代にわたっている。

そして、最も顕著なのが高松藩松平讃岐守（頼常・頼豊）と、彦根藩井伊掃部頭（直惟（なおのぶ）・直定）である。両家は毎年のように津軽家から鷹の進呈を受けており、繰り返し津軽家に鷹を所望していた。

この中で、享保十年（一七二五）における井伊直惟の例を取り上げよう。当時、鷹を所望した直惟は彦根に在国中で、嫡子直定が江戸に滞在していた。一方、鷹の所望を受けた津軽家も、藩主信寿が国元弘前、嫡子信興が江戸と、それぞれ分かれていた。

江戸の直定は、家臣を通じて、津軽家家臣に対し、父直惟の希望を伝えた。それは、「津軽家の鷹献上が無事に済んだようなので、『御鷹残り御余慶』があれば一居でも二居でも無心したい。去年進呈してもらった鷹も『殊外宜』しかったので、再び鷹を『厚望』する」ということであった。

依頼を受けた信興は、それに応じている。「もう余りの鷹はないが、直惟の『御所望』であれば何とかして進呈する。信寿が信興に与えた鷹一居があるので、『鷹容』は勝れたものではないが、これを直惟に進呈する」という対応を示した。

さらに、今少し早ければ「宜」しき鷹がまだあったので非常に残念であるが、その他の一、二居は進呈する相手も決まっているため、直惟に進呈する鷹は信寿が信興の「慰」として渡したものであることを付け加えている。実際、享保十年に津軽家は高松藩松平家と大洲藩加藤家に鷹を贈っている。

井伊直惟は無類の鷹狩好きであったようで、国元彦根で頻繁に鷹狩を行っている。津軽家の日記を見てもわかる通り、繰り返し津軽家から鷹を入手したが、それらは直惟からの所望によるものであった。享保十年の場合も、前年に入手した鷹が非常に勝れていたことが、再所望の契機になっている。津軽家側もこれに応え、信興の慰みとして信寿から下賜されていた鷹で良ければとして、それを直惟に進呈しているのである。

この津軽家と井伊家との間では、もう一つ注目したい事例がある。

松平斉斎（月照寺蔵）左手に鷹を据えている

享保十九年十一月十一日にも、井伊直惟は津軽家の鷹を入手した。同月十八日の「江戸日記」を見ると、直惟は使者を立てて津軽家に返礼品を渡している。その返礼品は、「江州綿弐拾把」と「紅葉鮒鮨　一箱」であった。これには注記があり、「右当年若黄鷹被進候為御礼参候」と記されている。

すなわち、津軽家からの鷹進呈に対する返礼として贈ったものであることが明瞭である。「江州綿」も「紅葉鮒鮨」も、彦根藩領の特産品に位置づけられる。一方、津軽家にとっては鷹が藩の特産品であった。特産品に対して特産品で返礼を行う大名間贈答のあり方を見ることができるだろう。

ところで、前述の「諸国鷹地名」や後述の「玄鶴能記」「中山善大夫日記」には、巻末に「昭和3年12月　伯爵松平直亮寄贈」と記されている。松平直亮（なおあき）は、最後の出雲松江藩主となった松平定安の三男で、貴族院議員をつとめた人物である。

松江藩主松平家の中では、七代藩主の治郷（はるさと）が著名であろう。不昧（ふまい）の号を持つ治郷は、文芸面に造詣が深く、鷹狩に関する書物なども集めている。

九代藩主の斉斎(なりよし)は鷹狩を愛好した大名として知られ、関連する多くの文献を集めている。鷹を据えた肖像も残されている。

そして、斉斎の孫にあたる直亮が、昭和に入り、歴代の松江藩主が収集した史料を寄贈したため、こうした鷹狩関係の史料が宮内庁で保存・管理されることとなったのである。

鷹の売買

将軍の鷹を預かる鷹匠頭としては、江戸近郊へ将軍自らが鷹狩に出かける場合などに備えて、鷹狩に有能な鷹をある程度揃えておく必要があった。しかし、病気などで役に立たなくなる鷹が出てくるのは当然のことで、そうした際には鷹匠頭が津軽家などへ鷹を所望している。津軽家の日記では、「代鷹」や「替り鷹」などと表現されている。

一例を示すと、幕府鷹匠頭の小林直時は、津軽家に対し、元文元年（一七三六）十月に献上鷹の残りを所望した。その依頼を承知した旨の「口上書」を、津軽家は老中の松平乗邑(のりさと)に差し出している。この「口上書」によると、鷹匠頭の戸田と小林から「献上御鷹余慶」がないか尋ねられ、一居あると答えた。小林が言うには、将軍から預かっている鷹に病気のものもあるので、内々に申し受けて、将軍の鷹として「御用」に立てたいということであった。そこで、津軽家としては、それを「献上同意」と認識して、この一居を進呈すると乗邑に伝えた。

将軍の鷹の多くが病気で「御用」（鷹狩）に役立たなくなっている状態で、その不足を補うために、鷹匠頭は鷹進呈を懇望したのである。それは「御内々」に進められたが、将軍の「御鷹」であることを配慮してのことであった。享保十一年（一七二六）の本多忠良の場合は、先年（享保五年）に弘前藩から入手していた鷹が死去してしまったため、急遽「御内々」に鷹を所望し、再入手したものである。

さて将軍への献上が済み、幕府役人や諸大名への進呈も終えても、余ってしまう鷹があった。わざわざ国元から江戸まで運んできたわけであるが、余りの鷹を国元へ戻すのには多くの費用がかかってしまう。それでは、どう処理するのか。津軽家自身の「御慰」として扱われる方法もあるが、放鳥あるいは売買という処理の方法も見られた。

この内、放鳥については、第四章で取り上げる「中山善大夫日記」や「水野忠成側日記」にも見ることができる。鶴を捕獲する実績を上げた将軍の鷹が年齢を重ね、以後は鷹狩に使用しないと判断された時、吉祥寺村井之頭御林へ放鳥するというものである。しかし、ここは幕府直轄の御林であり、津軽家が放鳥するわけにはいかなかった。

享保十五年（一七三〇）、将軍への献上後、津軽家は井伊直惟に鷹二居を進呈したが、「御余慶御鷹一居」がまだ残っていた。そこで十月二十六日、この鷹を放鳥することとした。「江戸日記」によると、場所は津軽家の「御上屋敷之内」、時間は日暮れ頃であった。

当時の津軽家上屋敷は本所にあった。鷹を自然に帰す放鳥とはいえ、江戸の人々が生活していた地域でもある。その鷹の行方はわからないが、非常に興味深い事例である。

一方、享保十年の場合も、将軍への鷹献上を終え、松平頼豊・加藤泰統（やすむね）・井伊直惟への鷹進呈も無事に終了した。それでも、津軽家が江戸に運んだ鷹が三居残っていた。その鷹は、江戸の町人に売却されているのである。

同年十月二十八日、「御払鷹二居」を町人が一覧し、彼らにそれを売却することが決まった。二居は金二十両で売却されたと「江戸日記」に記されている。

もう一居も売却できたようで、同月晦日の「江戸日記」によると、「御払鷹三居」の売却代金は金二十七両二分となっている。

さらに、その代金の使途も明記されている。二分は津軽家に出入りの鳥屋与兵衛に対し、「出精」という理由で下賜された。残りの二十七両は国元への「御用鉄炮」買い上げ資金としている。国元から運んだ鷹を江戸で売却し、その金で鉄炮を購入したのである。

余った鷹が別の形で役に立ったわけだが、町人の手に渡った鷹のその後は不明である。町人自身が江戸の町で鷹狩に使用したとは考えにくい。想定し得るのは、他の大名や幕府の鷹匠などが、その町人から鷹を購入するということである。

井伊家の場合、幕府鷹匠頭から鷹を買い求めている事例がある。「井伊家文書」の享保六年「御城使寄合留帳（17）」によると、井伊直惟は幕府鷹匠頭戸田勝房から「御捨払鷹」を譲り受けることとなった。

用人小野田小一郎・三浦五郎右衛門が担当者となり、五月八日に大鷹三居と隼一居を千駄木の幕府鷹部屋で受け取っている。

ただし、「御払鷹」は有償であった。三日後の五月十一日における戸田の下役三名からの手紙によれば、大鷹三居は代金九両、隼一居は代金二分であり、明日中の支払を請求されている。翌十二日にその支払は完了しており、こうした鷹売買も行われていたのである。

第二章では、将軍への献上、将軍からの拝領、大名間の進呈という鷹贈答を取り上げた。鷹出所地を領内に持つ松前・奥羽諸藩などは、捕獲した鷹を毎年将軍に献上した。献上鷹はその年生まれの若黄鷹であり、容姿も素晴らしい初物であった。これは手つかずの状態であることを意味し、未使用の鷹が将軍の所有物となったのである。

一方、大名が拝領した鷹は、将軍が鷹狩に使用（実際には代行の鷹匠など）した、お手つきの鷹であった。しかも、鶴・雁・鴨を捕獲した実績のある大鷹が拝領鷹に選ばれており、鷹や獲物のランクが大名家格にリンクしていた。

鷹贈答の中心には将軍が存在し、その権威は鷹の状態や狩猟実績などで表された。また、鷹狩を好む大名も多く、鷹は慶事を祝うものとしても活用されていたのである。

では、鷹を献上する大名にとって、拝領する大名にとって、それぞれどのような損得があったのであろうか。いずれも鷹の贈答という点では同じであるが、将軍へ献上するのと将軍から拝領するのとでは、全くの逆方向である。

献上大名にとっては、献上鷹を一定数確保しなければならず、江戸への運搬を含め、多額の経費がかかることとなる。この財政的な問題が毎年生じるわけである。しかし、将軍白らが欲し、また実際に鷹狩で扱う鷹を贈るわけで、自家をアピールする上で格好の献上品であり、将軍に良き心証を得られる機会ともなるだろう。

一方、拝領大名にとってみれば、単に拝領して終わりではなく、必ず帰国後に鷹狩を実施し、獲物を献上しなければならなかった。そうした経費が嵩むことが課題となるが、それでも、将軍の所有物であった鷹を拝領するわけで、拝領者が少ない分、その意義・価値は大きかった。

総じて、献上大名・拝領大名双方にとって、財政面で損失が生まれるが、それに余りある利得が将軍との親密な関係の維持であり、他の大名に対する自家の名誉・誇りであった。贈答行為が将軍の手を経ることで、政治性・権力性を帯びるものとなったのである。

註

（1）松前藩や弘前藩の鷹献上については、菊池勇夫『幕藩体制と蝦夷地』（雄山閣出版、一九八四年）、長谷川成一『近世国家と東北大名』（吉川弘文館、一九九八年）などを参照。

（2）弘前市立図書館所蔵「津軽家文書」（「弘前藩庁日記」）。

(3) 榎森進「北方世界の交流から見えるもの―松前氏と南部氏の交流を素材に―」(渡辺信夫編『東北の歴史 再発見―国際化の時代をみつめて―』、河出書房新社、一九九七年)。
(4) 宮内庁書陵部所蔵「諸国鷹出所」。
(5) 宮内庁書陵部所蔵「諸国鷹出所地名郡附」。
(6) 『大日本古文書 伊達家文書』(東京帝国大学文科大学史料編纂掛)。
(7) 「井伊家文書」二二五二。
(8) 宮内庁式部職編『放鷹』。
(9) 「井伊家文書」一七三八・一九四六・二〇〇九・二一五二・二一七八・二四一三・二四八六八。
(10) 国立公文書館内閣文庫所蔵「松平家記」。
(11) 「勢州御鷹場之件旧記」(『南紀徳川史』第十七冊、南紀徳川史刊行会、一九三二年)。
(12) 「井伊家文書」六八五九。
(13) 「井伊家文書」八一三。
(14) 彦根城博物館編『侍中由緒帳』。
(15) 注(2)に同じ。
(16) 『鹿児島県史料 旧記雑録追録』第三巻(一九七三年)。
(17) 「井伊家文書」「御城使寄合留帳」享保六年五月八日条。

第三章　綱吉と吉宗

1　鷹狩を廃止した綱吉

縮減の方向へ

五代将軍綱吉は生類憐れみ政策を推進し、特に犬の保護につとめたことが知られている。(1) 鷹狩は狩猟の一手段であり、その獲物となる動物を殺生し、鷹そのものも傷つける場合がある。すなわち、鷹狩の遂行と、生類の憐れみとは、相反する行為でもあった。

家康から家綱に至るまで、歴代将軍は鷹狩を繰り返し行ってきた。諸大名から鷹を献上させ、鷹狩に使用した後、大名に下賜する鷹もあり、将軍と大名の関係において鷹は重要な役割を果たしてきたのである。しかし、綱吉は将軍在任中に鷹狩を全く行っておらず、やがて鷹献上も停止し、鷹を下賜することもなくなる。

この時代に鷹と将軍の関係は大きな転換を見ることとなるが、それは綱吉時代だけではなかった。

六代家宣も七代家継も鷹狩を実施していない。鷹狩を再興するのは、八代将軍の吉宗であり、以後は幕末まで継続される。

そこで、本節では綱吉・家宣・家継時代、天和〜正徳期について、鷹を献上する津軽家の動向を中心に見ていくことにしよう。

家康・秀忠・家光・家綱と四代にわたり、実の親子の間で将軍職が継承されてきたが、家綱は男子に恵まれなかったため、弟にあたる綱吉を養子に迎えることとした。綱吉には綱重（つなしげ）という兄がおり、家綱は弟の綱重・綱吉にそれぞれ甲府・館林二十五万石ずつを与えていた。しかし、綱重は家綱より先に死去しており、綱吉の将軍就任当時の甲府藩主は綱重の子綱豊（つなとよ）であった。この綱豊は、のちの六代将軍家宣である。

さて、綱吉は将軍就任直後から、鷹匠などの役人を大幅に縮減し、他の役職へ転出させた(2)。なかでも天和二年（一六八二）の転出は顕著で、多くの者が鷹とは無縁の役職に就くこととなった。鷹匠頭は大番（おおばん）や腰物番（こしものばん）など、鷹匠は小十人組（こじゅうにんぐみ）などに移っている。武蔵の鴻巣や八王子、伊豆の三島などに置かれていた、幕府の鷹部屋も廃止された。

その綱吉自身、将軍就任後に鷹狩を行った形跡は見られないが、すぐに鷹関係の役職が全廃されたわけではないことにも注意しなければならない。鷹匠頭の場合は元禄九年（一六九六）まで存続している。

また、江戸周辺を中心に設定されていた将軍家の鷹場は、綱吉の時に廃止へと向かった。元禄六年には、鷹場そのものが廃止となっている。

こうした将軍の鷹狩縮小・廃止傾向は、諸大名にも少なからず影響を与えた。将軍家から関東内に鷹場を与えられていた大名は、元禄六年にそれぞれが鷹場を返上し、幕政に歩調を合わせたのである。その一方、まだ鷹を所持していた大名も存在していた。

これは、当時の鷹狩の権限が将軍一人に一元化していないことを意味している。将軍自身は鷹が不要となったわけだが、それは諸大名の鷹所持に規制を加えるものではなかった。鷹場の返上も大名側からの自主的行動である。鷹狩を行うか行わないか、鷹を所持するか所持しないかは、大名それぞれの判断で決めていたのである。

津軽家の場合、幕府の鷹関係役人が大幅に縮減された天和二年も、捕獲した若鷹を綱吉へ献上している(3)。若鷹の献上は、将軍が使用することを前提としたものであるが、これは翌年以降にも続いている。鷹献上は依然、恒例行事として継続していた。

結果的に鷹献上が停止となるのは元禄六年であるが、それ以前、幕府は大名に対して鷹献上に関する規制を加えていない。綱吉が将軍就任時から献上停止という意向を持っていたとは断じ難い。津軽家の鷹献上数も家綱時代と比べて減少していない。

ところが、綱吉自身は鷹狩を全く行っていない。自らは必要としない鷹であるため、将軍就任後に鷹関係の諸事を全廃することも可能ではあるが、すでに将軍自身の意向にかかわらず、将軍と大名との間で行う鷹贈答などが慣習としてできあがっており、全廃を即断できる状況ではなかったと思われる。それでも鷹匠らの数を減らしており、減少傾向は将軍就任当初から看取することができる。

元禄五年時も、例年通り津軽家の鷹献上が行われた。「初種」に続き、「二番黄鷹」を九月十日、「三番御鷹三連」を十月三日にそれぞれ献上している。諸大名への鷹進呈も例年通りであった。

そして、津軽家は自藩領内で鷹狩を行っていた。鷹匠も鷹狩をしているが、鳥は少なくなっており、精進日以外は毎日鷹狩を行っても不足している状況であった。しかし、幕府が生類憐れみ政策を進める中、津軽家は鷹を献上・進呈し、かつ自領内で鷹狩を繰り返し行っていたのである。

「御献上御無用」

元禄六年(一六九三)も、幕府から鷹献上停止が命じられるまで、津軽家は通常通り将軍への鷹献上準備を行っていた。

津軽家の「国日記」元禄六年九月四日条によると、「御献上一番鷹一居・二番鷹二双・三番鷹三双」を江戸へ運ぶ予定で、これに「其外方々様江被進候御鷹」すなわち諸大名への進呈用も含めて「都合十連」を確保していた。九月十三日には、それらの鷹を鷹匠と足軽が連れて、江戸に向け出発した。

しかし、その途次に鷹献上停止が伝えられ、鷹匠らは急遽弘前へ引き返すことになった。「江戸日記」元禄六年九月五日によると、鷹献上の停止は、江戸において老中戸田忠昌から津軽家の聞役に伝えられた。秋は「鷹待之時分」、鷹捕獲の季節であるため、早急に国元へ停止を伝達するようにと命じられている。江戸と弘前の間は急いでも十日間ほどかかる道程であったため、弘前を出立した鷹匠と、献上停止を伝える江戸からの飛脚は、途中の久保田（秋田）で出会うこととなり、鷹は将軍に献上されることなく、今来た道を引き返していったのである。

また、史料中には「御鷹御献上之儀、自今以後惣方共ニ御止」とあるので、この停止指令は津軽家に限らず、当時鷹を献上していた諸大名全てに伝えられたものと考えられる。例えば盛岡藩南部家では、同月四日、老中阿部豊後守正武から黄鷹の「御献上御無用」が指示されている。尾張徳川家でも、鷹を連れて江戸へ向かう鷹匠が箱根まで来た時に献上停止を知ることになった(4)。

この元禄六年以後、諸大名からの鷹献上が停止となったが、幕府自身も全ての鷹を放鳥した。鷹の放鳥場所は伊豆諸島や武蔵の山中で、元禄元年には、六月に武蔵国入間・高麗郡へ鷹二十三居、七月に武蔵国川越へ鷹二十居を放鳥している。そして、元禄六年に幕府鷹部屋の全ての鷹が新島に放たれたのである。

さらに、諸大名へは鷹献上だけでなく、「向後鶴・菱喰之外、諸鳥何ニ而茂献上無用」と、今後は鶴や菱喰（雁）を除き、諸鳥の献上も停止することが命じられている。その対象は弘前藩の他、松江藩・津山藩・米沢藩・梁川藩・秋田藩・松本藩・仙台藩・萩藩・浜田藩・棚倉藩・二本松藩・飯田藩・中村藩・松代藩・盛岡藩である。すなわち、これら奥羽・信濃などの諸藩はそれまで諸鳥を献上

していたことを示しており、一方、鶴・菱喰の献上は停止していないことにも注意しなければならない。(5)

鷹献上が停止となった津軽家では、藩内の鷹匠らの数を縮減した。多く抱えておく必要がなくなったのである。特に元禄七年十月二十六日には、三十五名に及ぶ役人を鷹関係とは異なる役職へ転置させている。御鷹匠小頭一名・並鷹匠二十名が評定所勤番へ、餌差一名が郷足軽警固へ、餌差十名・犬引三名が普請方小人へなどである。ただし、ここで鷹関係の役職が全廃されたわけではない。

元禄六年以降、津軽家は将軍への献上だけではなく、諸大名への鷹進呈も行っていない。献上と進呈は一連の行為で、献上が優先して行われており、進呈した鷹はあくまで献上の「御残」であった。そして、将軍への鷹献上も、諸大名への鷹進呈も、やがて津軽家の日記に見られなくなる。津軽家をはじめとした諸大名は、幕府からの指令を受けてではなく、幕政の動向に自らが歩調を合わせていく形で自主的に鷹狩を行わなくなっていったのである。

津軽家では、鷹匠を縮減し、鷹の数も減らす中、元禄八年十月二十一日には「当年不作」のため諸事を減少することになり、残っていた鷹八居を全て放鳥した。(6)

再開の可能性を探る

将軍への鷹献上や鷹場の設置は、元禄六年（一六九三）に廃止されて以降、享保元年（一七一六）まで再興されなかった。そうした中で、生類憐れみ令は、宝永六年（一七〇九）一月十日に綱吉が死去した直後、同月十八日に撤廃された。六代家宣が将軍宣下を受けるのは同年五月一日のことであり、その前に生類憐れみ令を廃止したのである。

しかし、家宣と七代家継はともに鷹狩を行っていない。生類憐れみ令は撤廃しても、将軍の鷹狩は廃止されたままであった。

ところが、津軽家の「国日記」宝永六年五月十六日条には、「江戸殺生等之儀御免ニ付、若御鷹御用之儀可有之候、急ニ者成申間敷候間、鷹場等之儀心懸置、被　仰遣候者、早速御鷹を上り候様心懸可申由申来候事」と記されている。

これは江戸で得た情報が国元弘前に伝達されたものである。「江戸」すなわち幕府が生類憐れみ令を取り止めたため、もしかしたら新将軍の「御鷹御用」があるかもしれない。その場合、急に鷹を献上することは無理なので、鷹場管理などを心がけ、幕府から命じられた時はすぐに鷹を国元から献上できるように準備しておくことを国元へ命じている。

結果的には、享保元年に至るまで鷹の献上は実現していない。しかし、当時の津軽家の認識として、家宣の将軍就任直後の宝永六年五月時点で、すでに鷹狩再興の可能性があると考えていたことを物語っている。

鷹狩を行うか行わないかという将軍個人の資質もあるが、将軍の代替りによって鷹狩再興もあり得るとの意識を持つ大名が存在していたのである。これは津軽家だけの意識ではないだろう。恐らく、他の鷹献上大名なども類似した感覚を持っていたと思われる。

しかも、将軍の代替りに伴う鷹狩再興の噂は、この家宣の将軍就任時ばかりではなかった。次節で述べるように、吉宗の将軍就任時にも津軽家は鷹献上再開の噂を入手している。

さらには、「江戸日記」延宝八年（一六八〇）九月六日条によれば、家綱から綱吉への将軍交替時にも、津軽家は老中土井能登守利房に対し、「献上之儀　御代替ニ御座候間、御差図被下度由」と、代替りによって鷹献上をする必要があればその指図を仰ぎたいと申し出ている。将軍が死去した年は鷹狩も鷹献上も停止されるのが通常であったが、新将軍就任直後に鷹狩も鷹献上も再開される可能性は大いにあった。それは、綱吉の時も、家宣の時も、吉宗の時にも見ることができるのである。

さて、家宣や家継が将軍であった正徳期（一七一一〜一六）、将軍の鷹狩は再興されなかったが、この時期の津軽家は、どのように鷹との関わりを持っていたのであろうか。

結論から言えば、津軽家はすでに正徳期において独自の鷹狩を展開していた。生類憐れみ令が撤廃されると、津軽家は幕府と異なる動きを見せ始め、正徳元年（一七一一）の秋から鷹確保に向けて動き出すことを定めた。

しかし、そのためには多くの鷹匠が必要となり、それまで他の役に就いていた者たちを鷹匠に転置させる必要が生じた。それは、在地の者に命じる餌差役も同様で、「国日記」正徳元年八月十三日条によると、餌差はそれまで二人でつとめていたが、次第に鷹が増えていけば餌鳥も不足するので、増員の願いを出したところ、新たに二人が餌差としてつとめることになった。この段階では、津軽家の鷹所持数は多くないようであるが、今後間違いなく増加するであろうことが予想され、その事前対処をしているのである。

実際、正徳三年には鷹の数も増えたようで、以前に鷹の減少によって役替えとなった者たちも、鷹関係役人に再び就任している。

正徳元年には弘前藩領内の鷹場も設定された。その「御鷹野場」は、「西ハ山岸通鬼沢村迄、南ハ山岸通、東ハ山岸通波岡村迄、北ハ夕顔関村より板屋野木村迄」という範囲で、弘前城を中心とした広域に及んでいた。この指定地域は、藩主の鷹場として鳥猟の規制が加えられ、正徳二年八月二日などに鷹狩が実施された。そして、この鷹狩の意図は、藩主の「御慰」というものであった。

幕府が宝永六年に生類憐れみ令を廃止して以降、将軍の鷹狩が再興されなくとも、津軽家は独自に鷹関係役人を増加・整備し、鷹を捕獲し、鷹狩を再開したのである。

高松藩鷹匠の弘前来訪

将軍が鷹狩を再開しない正徳期において、独自に鷹狩を行っていたのは津軽家ばかりではない。「弘前藩庁日記」によると、津軽家が諸大名へ鷹を進呈していたことが判明する。進呈を受けた側の大名も、鷹狩を行い、鷹匠などを抱えていたことは間違いないだろう。

具体的には、正徳三年（一七一三）の讃岐高松藩主松平頼豊と、同五年の松平頼豊・伊勢亀山藩主松平乗邑・伊予大洲藩主加藤泰恒（やすつね）である。特に松平頼豊からの所望は熱心で、高松藩の鷹匠を弘前まで派遣させている。

まず、正徳三年における進呈を見ていこう。

最初に鷹進呈のはたらきかけを行ったのは、高松藩側からである。藩主の頼豊は、家臣の大石三平を通じて、弘前藩領内を出所地とする鷹の所望を願い、弘前へ家臣を派遣することにした。

実際に派遣されたのは高松藩鷹匠の松崎文右衛門で、津軽家側ではその応対方法が事前に定められている。それは「江戸日記」正徳三年十月十二日条に記されているが、江戸からの指示が弘前へ伝達された。

これによると、弘前へ向かう松崎には、津軽家の足軽目付である三浦定右衛門と吉崎幸次右衛門が同行することになった。ただし、「馳走ケ間敷儀」、丁重にもてなすことは、決してしないようにと定められている。津軽家側の担当者は、用人の今井源五右衛門がつとめることとなった。

また、弘前到着後、松崎に対して「御秘蔵之御鷹」や「新鷹之内茂勝而能御鷹」は見せないようにとされた。それ以外の鷹は見せることは問題なく、その中から鷹三居を望みによって渡すことが事前に決まった。

津軽家側が、藩主秘蔵の鷹と、その年に捕獲した中で特に勝れた鷹は、事前に進呈用から外し、松崎に見せることも禁じたのである。前者は、藩主自身の気に入りで、鷹狩に使うためであろう。後者は、やはり藩主が使用するためか、もしくは、いつ再開されるか不確定ながらも将軍への献上に備えるためであろう。

一方、それ以外の鷹は構わず松崎に見せることを可とした。相手の意に添う鷹を進呈しようとしたわけである。

さらに、松崎から同行する足軽目付に質問があった場合の応答も指示している。例えば、「津軽家はどのくらいの鷹を所持しているのか」と松崎に尋ねられた際は、「以前は大小合わせて三、四十居ほど所持していたが、現在は三分の一程度に減少しているだろうか。ただし、江戸に滞在していたので確かなことはわからない」と答えるように定められた。

以前というのは、鷹献上が停止された元禄六年（一六九三）以前を指すと思われる。それまでは三十から四十居の鷹を、津軽家は所持していたことがわかる。そして、この正徳三年時にはその三分の一、すなわち十居程度に減っていたようである。

これは、将軍への鷹献上という目的がないため、多数の鷹を抱えておく必要がなかったことを示す。その一方では、献上するわけではなくとも、十居程度の鷹を所持していたのである。弘前藩ではすでに鷹狩を行っており、複数の鷹を所持していたので、高松藩の鷹所望に応じることも可能であった。

同年十一月三日、松崎は弘前に到着した。それに同行した津軽家の足軽目付は、鷹所望者の頼豊から大石三平を通じて、江戸出立前に「金子弐百疋宛」が与えられていた。高松藩は、何としてでも鷹を入手したかったようである。

そして、弘前では頼豊に進呈する鷹が決定し、松崎はその鷹とともに弘前を十一月十日に出発、江戸へと向かった。頼豊へ無事に鷹が渡った後、十二月七日には頼豊側から鷹進呈に関わった津軽家臣に礼品が渡されている。

再所望する藩主

高松藩主松平頼豊は、津軽家から贈られた鷹を余程気に入ったのであろうか、二年後の正徳五年(一七一五)にも再び鷹を所望している。しかも、再び高松藩鷹匠を弘前へ派遣しており、来訪したのは前回と同じく松崎文右衛門であった。

そして、所望を受けた津軽家側も、その求めに快く応じている。「江戸日記」正徳五年七月十二日条には、江戸から国元弘前へ向かう津軽家家臣に対する鷹関係の御用状が記されている。

それによると、津軽家としては二年前と同様に、大鷹を頼豊に進呈することを予定していた。ところが、頼豊は「当秋之網懸候若黄鷹」を求めてきた。すでに育った大鷹ではなく、その年生まれの若黄鷹である。ということは、急いでそれを捕獲しなければならない。

そこで、弘前藩領内の所々で、鷹待(たかまち)が命じられることとなった。ただし、季節的には従来より早いため、希望する鷹を進呈するのは難しいと、高松藩の大石三平に伝えている。それでも、頼豊の「達而御懇望無拠訳」があると切に願うので、是非とも進呈してほしいという返事であった。

また、江戸から国元へ、鷹を二、三居捕獲したらすぐに江戸へ伝えるようにと指示している。その情報を受けてから、江戸に待機している高松藩鷹匠の松崎が江戸を出立するという手筈であった。頼豊へ進呈する鷹以外に、勝れた若黄鷹を捕獲した際にも、「例年之通」に江戸へ伝えるようにとしている。鷹に関する国元の情報は江戸へ集められたのである。

正徳五年八月十七日の「江戸日記」には、松崎ら高松藩家臣の弘前来訪に対する江戸からの指示が記されている。これは、若黄鷹五居を望んでいることを除けば、基本的に正徳三年時と変わらない。松崎は弘前で鷹五居を受け取り、同年九月二十九日に出立、江戸へと一路戻ることとなった。その際、同行する弘前藩足軽の工藤助右衛門と阿保次郎兵衛には、「心得書」が伝えられた。特に以下の六つの応答例が指示されている。

①鷹の数について↓かつては大小五十余りもいたが、近年は前藩主代津軽信政時代の半分もいないと聞いている。ただし、詳しくはわからない。
②鷹匠の数について↓先代は鷹の数に応じて大勢いたが、今は二十人程度である。
③鷹匠頭について↓鷹方支配を用人桜庭太郎左衛門が担当し、鷹匠頭は置かれず、小頭が二人いる。
④藩の侍・足軽の数について↓詳しくはわからない。
⑤藩領の広さ・道・知行高について↓詳しくはわからない。
⑥家老・組頭・用人の名前と知行高↓大方はわかるが、詳しくはわからない。

以上のように、弘前藩全般に関わる内容の④・⑤・⑥は、詳細な答えをしないようにと指示している。一方、鷹に関する①・②・③については、当時の状況をほぼ示していると思われる。当時の藩主は津軽信寿で、先代の信政時代に比して鷹の確保数は少なかったようである。鷹匠の数も、正徳二年における弘前藩の分限帳[7]には十七人が記されており、妥当な回答である。

さらに同日の「江戸日記」には、「廻状」が記されている。これは、若鷹五居を頼豊へ進呈するにあたり、奥羽道中の諸藩に対する廻状であり、差出者は津軽家の家臣である。宛先は秋田・新庄・山形・上山・仙台の各藩領で、「津軽土佐守就用事」という理由で鷹を江戸まで運ぶので、各藩領を無事に通過させてほしいという内容であった。頼豊への進呈鷹は、津軽家の助力によって奥羽道中の無事な移送が保証されたのである。

その後、鷹は江戸に無事到着し、頼豊の手に渡った。それに伴い、頼豊側から大石三平を使者として、津軽家の家臣へ「被下物」が与えられている。それは松崎に同行した足軽をはじめ、家老・用人・鷹匠など、十六名に及んでいる。

亀山藩への対応

伊勢亀山藩主松平乗邑も、正徳五年（一七一五）に津軽家から鷹を入手している。しかし、事情は高松藩主松平頼豊と異なっていた。

「江戸日記」正徳五年七月二十六日条によると、乗邑は津軽家に対して「先年」から鷹の所望を続けていたという。しかし、津軽家はそれを断っていたが、再び所望を受けることになり、すでに決まっている頼豊への鷹進呈が乗邑の耳に入れば厄介なことになるので、頼豊へ進呈する予定であった「大鷹一居」を乗邑へ進呈することとした。頼豊が「若黄鷹」を所望したからである。

亀山藩領に良質の鷹出所地がなかったため、藩主の乗邑は津軽家に鷹の進呈を依頼しなければならなかった。鷹の進呈が、大名間の交際関係に機能していたのである。

こうした鷹進呈は津軽家だけではなかった。宝永～正徳期において、盛岡藩南部家も同様の行動を取っている[8]。南部家の場合、宝永七年（一七一〇）に丹波田辺藩三万五千石の牧野英成へ鷹を進呈している。正徳三年には、筑前福岡藩五十二万石の黒田宣政へ渡している。牧野と黒田は南部行信の娘を妻としており、その姻戚関係による進呈と見受けられる。

その他にも、二本松藩丹羽家が藩領の箕輪村内に「御鷹待場所」を正徳期に設けるなどの動きが確認できる[9]。将軍が鷹狩りを再興していなくとも、鷹を所持していた大名はすでに数多く存在していた。

さて、乗邑へ進呈する鷹は、津軽家の鷹匠らが江戸まで運び、江戸で乗邑へ渡すという手筈であった。その中で、「江戸日記」正徳五年十月八日条には非常に興味深い記述がある。津軽家鷹匠の半田・櫛引と持人小人が鷹を江戸まで持参し、聞役落合大右衛門が使者になって乗邑へ進呈した。重要なのは、使者落合が乗邑の取次へ伝えた内容である。

鷹は「公儀」（将軍）へいまだ献上していないという現況であるため、「勘略」（簡略・倹約）にして

綱吉自筆の鷹の絵

鷹捕獲を中止していた。しかし、乗邑の「御懇望」によって仕方なく進呈することにした。ただし「重而ハ御用捨」下さい、ということを乗邑の取次に伝えている。

あくまで相手からの「御懇望」を根拠としており、仕方なく（「無拠」）進呈することを強調している。将軍の鷹狩が再興されず、鷹献上が停止されたままの段階にあっては、将軍への手前、積極的に諸大名へ鷹を進呈するわけにはいかなかった。

一方、高松藩へは鷹を積極的に進呈していた。津軽家は乗邑との関係で、進呈には消極的であったようである。

ここで右の絵に目を向けよう。木に留まった鷹の右側に、「綱吉筆」と書かれている。綱吉は鷹狩縮小・廃止の政策を展開したが、その綱吉自ら筆を執って描いた鷹の絵である。

この絵はいくつかの図録に掲載されているが、作成年代や経緯・理由はわからない。しかし、綱吉の側用人をつとめた柳沢吉保が拝領したものと思われる。想像を逞しくすれば、柳沢家は将軍から鷹を拝領する家格ではなかったが、綱吉は自筆の鷹の絵を下賜することで、吉保に対する厚い信任を示したのかもしれない。

2　家康回帰の吉宗

家康政治への復古

周知の通り、吉宗はもともと御三家の一つ、紀伊徳川家の出身で、七代将軍家継の死去に伴い、八代将軍に就任した。また、享保改革と呼ばれる吉宗が行った幕政改革は、三大改革の一つとしても著名であり、これまで多くの研究蓄積がある[10]。

将軍の鷹狩や鷹場は、綱吉が廃止して以来、長く行われなかったが、この吉宗が将軍就任直後に復興させた。鷹狩を繰り返した家康、鷹狩を中止した綱吉、そして鷹狩を再開した吉宗。この三人は、将軍と鷹・鷹狩の関係を見る上で重要な人物であるといえよう。

特にこれまで、吉宗と鷹の関係では、江戸周辺の鷹場設置の点から説明も行われてきた。この江戸周辺は、幕府領・大名領・旗本領などが入り組んでおり、その支配が不十分な面があった。しかし、将軍の鷹場は、こうした支配の枠組みを越えて一面的に設置された。それによって、錯綜していた領主支配の弱さを補強したというもので、江戸周辺の治安維持を目的として鷹場を設置・整備したとされる。

また、吉宗は家康政治への復古を目指した。家康が祀られている日光東照宮への社参などを行った吉宗は、「武威の復活」を示現するものとして鷹狩を再開したという指摘もある。「八代将軍吉宗は前代よりの弊政を除き、且昇平久しく人々治に狃れて武を忘るゝを慮り諸政を釐革し、また鷹狩を復興す」という。[11] 柔弱な士風を刷新することを目的として鷹狩が再開されたと記す「有徳院殿御実紀附録」の記述は、[12] 吉宗と鷹狩の関係を見る上で、大きく影響を与えてきたと思われる。鷹狩復活は武威の復活の第一歩であり、家康への強いあこがれを抱いてのものであったと考えられている。

正徳六年（一七一六）四月晦日に、七代将軍家継が死去した。改元を経て、享保元年（一七一六）八月十三日に紀伊藩主徳川吉宗が将軍宣下を受ける。

その間に早速、鷹狩再開に向けた動きが見られるようになる。同年七月二十二日、若年寄大久保常春に「鷹のこと奉はり。鷹坊の吏を選挙すべしと命」じ、かつて鷹狩廃止以前に鷹匠頭をつとめていた戸田勝房に、家綱時代の鷹狩故事を質問している。若年寄と鷹匠頭を中心に、将軍の鷹狩再開の準備が進められていたのである。

それより一ヵ月前、享保元年六月二十九日の弘前藩津軽家の「江戸日記」を見てみよう。先にも述べた通り、弘前藩は国元の動きを書き留めた「国日記」と、江戸における動向を記した「江戸日記」を書き続けている。国元・江戸双方の手紙なども記されているが、江戸の津軽家用人による手紙が、この日の「江戸日記」に載せられており、それが国元へ届けられた。

江戸の用人によると、「今年の秋も例年通り、『鷹待』をすること。ただし、今年は『御代替』の年であるので、場合によっては『黄鷹御献上』もあるのではないだろうかと『世間』でも噂となっている。そこで、『鷹待』は精を出して行い、『宜鷹』を確保するように。しかも、例年より余計に確保するように」ということであった。

さらに、「国元にすでに留めてある鷹の数と、その善し悪しの詳細について、鷹匠小頭が吟味して書付を江戸まで知らせるように。例年、毎秋の鷹数はおおよそどれくらいか。年によって高下があるだろうが、『惣鷹之数』を詮議した上で伝えるように」という指示も出されている。

津軽家側では、「もしかしたら将軍の代替りで鷹献上が再開することになるかもしれない」と予想を立てていたのである。前節で述べたように、将軍への献上が中断している間も、津軽家は鷹を確保しており、すでに献上する態勢がある程度整っていた。また、再開を予想していたのは津軽家だけではなく、「世間」＝大名間では噂となっていたことも注目されよう。

これは大久保常春が鷹関係担当に命じられるよりも一ヵ月近く早い。再開の可能性を江戸で察知した津軽家は、至急にその旨を国元へ伝達し、事前に良質の鷹を数多く確保することを指示しているのである。

そして、その予想は的中した。

二十四年ぶりの献上

享保元年（一七一六）、弘前藩津軽家は鷹を献上することとなった。江戸時代を通じて原則的に毎年、津軽家は鷹を将軍に献上しているので、例年通りに実施すれば何の問題もない。しかし、この年ばかりは違った。鷹の献上が二十四年ぶりのことだったのである。

江戸幕府は慶長八年（一六〇三）に開かれ、慶応四年（一八六八）に明治維新を迎えるので、徳川将軍による統治期間は二百六十五年におよぶ。その内の二十四年であるから、約十分の一の期間に相当するが、長期にわたる鷹献上の中断はこの一回限りである。

津軽家の「江戸日記」によると、同年八月十五日、弘前藩は幕府老中久世重之（しげゆき）から、その年の秋中に鷹五居を献上するようにと命じられた。吉宗は二日前の八月十三日に将軍宣下を受けたばかりである。新将軍となって一番最初の動きが、鷹献上命令であったといえるだろう。

さて、弘前藩にとって鷹を献上すること自体は問題なく準備ができていたが、どのような鷹を、どのような手順で献上するか、ということが課題であった。久しぶりのことであるため、中断以前の通りに進めるか、それとも今回は違う方法を取るのか、念のため確認する必要に迫られたのである。

こうした疑問や確認事項が生じた際、藩では幕府の担当者や縁故者に情報を聞き出したり、他藩と相談したりしながら、先例をもとに判断していく。幸いにも、老中久世重之の嫡子暉之（てるゆき）に弘前藩主津軽信寿（のぶひさ）の娘が嫁いでおり、深い姻戚関係が成立していた。しかも、久世重之は弘前藩に鷹献上を命じた直接の担当者であり、情報収集のために久世ルートを使わない手はない。

そこで弘前藩は久世側に疑問を尋ねることにするが、その動きは早い。鷹献上が命じられたのは八月十五日であったが、その翌十六日に使者として江戸留守居（弘前藩では聞役という）の大橋孫左衛門を派遣した。大橋が久世のところに向かったのは、前日に受けた鷹献上命令を「承知致しました」と伝えるためであった。

ただし、大橋はこれに関して二つの目的も合わせ持っていた。

一つ目は、久世側から尋ねられた質問に回答することである。前日、すなわち鷹献上が命じられた際、使者となって久世の屋敷に赴いた大橋は、久世の用人から「以前はどのくらいの数の鷹を献上していたか」を質問されている。これは「御老中様より御内意」であり、その回答を記した「御書付」を明日提出するようにと指示されたのである。

つまり、老中である久世も、中断以前の鷹献上の状況を完全に把握していたわけではなかったことを示している。また、藩主信寿が久世から直接申し渡されたわけではなく、大橋も久世と対面していない。弘前藩の江戸留守居と老中の用人という、家臣同士の間で、直接的な指示や協議が進められていたのである。

そして、大橋は久世側の質問に対して次のように答えた。「厳有院様御代」すなわち四代将軍家綱の時代は「七居迄」の鷹を献上していた。「常憲院様御代」すなわち五代将軍綱吉の時代は「八居迄」

の鷹を献上していた。ただ、その年によって献上数は異なっていた、と。無論、大橋の個人的な意見ではなく、藩の総意である。

二つ目の目的は、献上に関する質問を久世側に投げることである。それは別紙に認められており、藩主自らの質問であった。信寿は、秋中の鷹五居献上を承知し、早速国元弘前へその準備を指示すると述べた上で、こう記している。「以前は鷹を確保次第、順々に献上していました。今回は五居を揃えてから、まとめて献上するべきでしょうか。この件をお伺いしたいと思います」とある。

この「御書付」を大橋が持参したところ、久世側は用人の三宅甚蔵が回答している。それによれば、今回の献上は五居を揃えてからという意ではなく、鷹を確保でき次第、それぞれ伺いを立ててからということであった。そして、少しでも早く献上した方が「御首尾」、すなわち吉宗の印象も良いだろうから、すぐに国元へ献上の旨を伝達して、順々に献上すべきであろうと、三宅が大橋に伝えている。

久世重之・三宅甚蔵主従が弘前藩側に理解を示し、スムーズな鷹献上ができるように協力している姿をうかがうことができる。弘前藩も久世側の情報を頼りとしていたといえるだろう。

献上の演出

弘前藩は、久世からの献上指令を江戸から国元へ伝えた。すぐに、国元では献上鷹にふさわしい鷹を集め、諸道具を整え、餌を調達するなど、準備に奔走している。

そして、津軽家の鷹匠らは献上鷹とともに、享保元年（一七一六）八月二十八日に弘前を出立、江

表5　享保元年における弘前藩津軽家の献上鷹（「江戸日記」より作成）

番号	鷹の種類	出所地	弘前出立日	御鷹容
①	初種若黄鷹	高田茂木	享保元年8月28日	中ノ上
②	若黄鷹	上善津	享保元年8月28日	中
③	若黄鷹	鷲巣	享保元年8月28日	中ノ上
④	若黄鷹	表真那板淵	享保元年8月28日	中ノ上
⑤	若黄鷹	大沼袋舟着	享保元年8月28日	中
⑥	若黄鷹	裏真那板淵	享保元年8月28日	中ノ上
⑦	若黄鷹	高田茂木	享保元年10月6日	中ノ上
⑧	若黄鷹	鷲巣	享保元年10月6日	上
⑨	若黄鷹	真那板淵	享保元年10月6日	中ノ上
⑩	若黄鷹	高田茂木	享保元年10月6日	上
⑪	若黄鷹	表真那板淵	享保元年10月6日	上

戸には翌九月十七日に到着した。その九月十七日の「江戸日記」によると、江戸へ運んだ鷹の出所地と捕獲日が判明する。

表5の内、①から⑥までの六居が、まず江戸まで運ばれた。「御献上之御鷹五居、外ニ壱居、都合六居」とも記されているので、将軍吉宗に献上するのは五居であった。第一章でも見たように、残りの一居は献上用に不備が生じた際に交換する鷹である。

いずれも八月中に捕獲したものだが、特に①は「初種」と明記されている。この年の最初に捕獲した初物が、八月十三日、高田茂木を出所地とする鷹であったのである。同日は吉宗が将軍宣下を受けた日でもあり、吉祥日に捕獲できた鷹でもあった。

さらに注目されるのが、「御鷹容」という部分である。これは、献上する「御鷹」の容姿のランクを示している。

江戸へ到着した鷹は「中ノ上」が四居、「中」が二居という構成で、より献上するにふさわしい「上」ランクは含まれていない。それはなぜか。

理由は一日でも早く献上することにあり、「下」ランクは献上に不適合であろうが、「中」以上であれば献上するのにふさわしいと判断されたためである。

鷹が江戸に着いた九月十七日、津軽家は聞役の大橋孫左衛門を使者として、献上鷹の目録と書付を久世のところへ持参した。そこで久世の用人三宅甚蔵との間で、献上に向けた交渉が行われている。津軽家は久世の指示を仰いだ上で、吉宗への献上を果たそうとしたのである。課題となっていたのは、五居まとめて献上するか、それとも一居ずつ献上するかということであった。

その回答の「覚書」も、同日の「江戸日記」に記されている。

一条目によると、三宅は、「献上鷹を一度に五居とも献上してしまっては、吉宗に『珍敷』ものと思ってもらえず、『初種』という名分も立たないので、明朝にまず一居だけを献上するべきであろう」と助言している。これに対し、大橋はアドバイス通りにする旨を返答した。久世側の判断で、最初に一居だけが献上されることになったのである。それは珍品・初物であることを誇示する演出であった。

再び三宅が言うには、「明朝に大久保常春まで鷹を差し出し、その差図通りにするように」とのことであった。久世側から「御鷹御用懸り」若年寄である大久保に「御案内」を申し入れ、鷹は大久保が直に幕府の「御鷹方之御役人」に渡すことと、献上目録の記し方を三宅が指示している。津軽家はいわば個人的に久世側に相談を持ちかけているのであるが、将軍の鷹関係の窓口は大久保が担っていた。久世は老中、大久保は若年寄であるため、久世の方が上位にはあったが、将軍へ献上する鷹であるため、御鷹掛若年寄の大久保へ提出することを指示しているのである。

いずれも、将軍に対する気遣いが見て取れるだろう。

二条目も注目される。献上に関する演出が、さらに続く。

それは、「初種」一居を献上した後の献上鷹四居についてであるが、一居か二居を九月二十一日に献上し、残りはその一両日後に献上するのが良いとされている。これを提案した三宅によれば、仙台藩伊達吉村や盛岡藩南部利幹（としもと）も同様の方法を取っているということであった。他家の情報も津軽家に寄せられているのである。

そして、献上する鷹は江戸までの道中、箱に入れて運ぶが、道中の「箱鷹」のままで献上するようにと、三宅は大橋に指示を出している。その箱さえも、道中で使用していた状態、汚れたままの状態が良いという。あまり新しい箱に見えないようにと、あえて道中のままの状態を維持して献上させようとしている。

通常は鷹を湯浴みして、羽や嘴や爪を整え、箱も新品で献上するのであるが、この年ばかりは、二十四年ぶりの再開ということもあって、将軍吉宗のために「急いで献上いたします」とのパフォーマンスに精力が注がれているのである。

また、「覚書」三条目では、献上鷹がどこの鳥屋を出所としているかということについて、その書付を別紙にして提出することが命じられている。伊達家でも同様の書付を差し出しているということであった。

こうして、津軽家から新将軍吉宗への鷹献上は、幕府・弘前藩双方の家臣が事前に内部協議を繰り返し、問題・遺漏がないように進められた。

以上から、（1）献上鷹は予定の五居すべて江戸に持参してきていたが、「初種」を誇示するためにまず一居のみを献上すること、（2）献上鷹は「御鷹御用懸り」若年寄大久保常春に渡し、大久保が幕府鷹匠頭に渡すこと、（3）鷹を献上する津軽家以外の大名も同様な状況であること、（4）献上するために鷹を入れる箱は「道中之儘」のように汚れたままのものとすること、そして、（5）全般にわたり、久世側（久世重之と用人三宅甚蔵）が津軽家の鷹献上遂行のために好意的に尽力していたことがわかる。

享保元年（一七一六）は献上再開の初年ということもあり、整えて献上ということ以上に、急ぎ献上ということに重点が置かれたのである。

翌九月十八日、津軽家は「初種」一居を無事に献上することができた。

そして、同月二十三日には、三宅から津軽家の聞役に手紙が届き、鷹二居を献上するため大久保に渡すようにという久世の指令が伝えられた。これに対して津軽家は即座に、「先刻久世大和守様就御差図」と、大久保に鷹二居を渡している。

同じく二十三日には、首尾よく献上を遂げることができたのも「御取持」のおかげと、久世重之に鯛を進呈している。また、その際に久世の用人三宅甚蔵から、「鷹の数は揃わなくとも、今後、鷹が江戸に到着次第、その旨を三宅まで知らせるように。このことは他には言っていないことであるが、『御間柄之儀』であるから、その内意を伝える。まず鷹の到着を『内証』で知らせるように」と付言された。

ここにみえる「御間柄之儀」とは、津軽・久世両家の姻戚関係を指していると思われる。津軽信寿の娘は久世重之の嫡子暉之に嫁しているので、両家の関係はまさしく親密な「御間柄」と意識されていた。こうした背景もあって、津軽家は久世家を頼りにしているのである。

鷹匠頭の信頼

享保元年（一七一六）の鷹献上再開を考える上で、「江戸日記」享保元年十月二十九日条も興味深い。その内容は、（1）津軽家聞役落合大右衛門と幕府鷹匠頭戸田勝房の用人江畔(えぐろ)平助との交渉と、（2）津軽家聞役大橋孫左衛門と老中久世重之家臣加藤左次郎との交渉に分けることができる。

まず、（1）についてだが、江畔が言うには、戸田勝房の父正吉は津軽信政と「御心安御出入」するような「御懇意」の仲であったという。この当時、津軽家の当主は信寿であり、その父信政は宝永七年（一七一〇）まで約五十年間にわたり藩主をつとめていた。一方、戸田正吉は、寛文三年（一六六三）から延宝七年（一六七九）まで鷹匠頭に任じられていた。そのため、戸田正吉と津軽信政の「御懇意」な関係は、家綱政権後期のことを指している。

そうした父親同士の間柄同様に、戸田勝房も「御心易」く津軽信寿と「御出入」をしたいという存念を持っているとのことであった。さらに、この年の鷹献上はもう終了してしまったが、「別而勝候御鷹」があれば、そのことを勝房まで「御内意」をもってまず先に知らせてほしいと熱望していることがわかる。

このように、鷹匠頭は津軽家に対し、鷹を媒介とした関係を積極的に結ぼうとした。鷹匠頭は将軍への鷹献上再開に伴い、良質の鷹を定期的に維持する必要性が生じた。そのため、鷹献上大名の一人である津軽家との関係強化を図り、安定した鷹確保を目指したのである。将軍から大名への鷹献上命令ではあったが、その背景には鷹匠頭からの関係構築の動きもあった。津軽家は老中久世の助言・尽力を得ていたように、鷹献上大名と幕府役人は、鷹献上を軸として友好的な関係を結んでいた。それによって、献上の円滑な遂行も可能であったのである。

次に、(2)については、鷹二居を将軍に献上した旨を大橋が知らせている。すでに十月十六日には、この年の鷹献上終了が津軽家に伝えられていた。ところが津軽家では、八月二十八日の鷹六居に続き、十月六日にも鷹五居が国元から出立していた。それが十月二十四日に江戸へ到着し、その中から勝れている鷹二居が献上されたという報告である。

十月六日に江戸へ向かった鷹は、一四七ページ表5の⑦から⑪である。

そして、久世の家臣加藤は津軽家側に手紙を寄越した。それによると、「久世が指示した献上鷹は五居で、その献上はもう済んでいるため、それ以上の献上報告は久世まで届ける必要がない」ということであった。また、加藤は「かねてから久世重之自身が鷹を『御所望』している」とも伝えている。献上した残りの鷹があることを知っての上での行動であろう。

津軽家はその「御所望」に快く応じている。同年十一月三日、「鷲巣」を出所地とする鷹を久世に贈った。同日の「江戸日記」には、この鷹の「容」貌は悪くないので、「御慰」として進呈するという津軽信寿の意志が記されている。久世家側からの所望ではあったが、津軽家側から積極的に渡すという意図に変化したのである。

なお、後発の鷹の内、もう一居は十月三十日に高松藩主松平讃岐守頼豊へ進呈している。

量から質へ

これまでは、二十四年ぶりに再開した享保元年（一七一六）時の鷹献上について述べたが、翌二年になると、状況が少し変わってくる。

享保二年時も、八月以降に鷹献上が本格的に準備されている。この年の津軽家は、表6のように、九月二十二日に六居、同二十四日に五居、合わせて十一居の鷹を江戸へ運んだことがわかる。

表6　享保2年における弘前藩津軽家の献上鷹（「江戸日記」より作成）

番号	鷹の種類	出所地	弘前出立日	御鷹容
①	若黄鷹	藻川村領上善津	享保2年9月22日	中ノ上
②	若黄鷹	深郷田村領高田茂木	享保2年9月22日	中ノ上
③	若黄鷹	松ヶ崎村領長沼	享保2年9月22日	中ノ上
④	若黄鷹	十川村領大沼袋舟付	享保2年9月22日	中ノ上
⑤	若黄鷹	藤崎村領北真那板淵	享保2年9月22日	中ノ上
⑥	若黄鷹	十川村領大沼袋下	享保2年9月22日	中ノ上
⑦	若黄鷹	藤崎村領倉常袋	享保2年9月24日	中ノ上
⑧	若黄鷹	藤崎村領真那板淵	享保2年9月24日	上
⑨	若黄鷹	広田村領鷲巣高柳	享保2年9月24日	上
⑩	若黄鷹	十川村領大沼袋下	享保2年9月24日	上
⑪	若黄鷹	藤崎村領裏真那板袋	享保2年9月24日	中ノ上

そうした鷹が揃う以前、八月四日に江戸を発った書付が、同月十四日に弘前へ届けられた。それは、若年寄大久保常春から津軽信寿への指示で、この年にはどのような鷹を献上するべきかということが記された「当酉年献上御鷹之覚」というものである。この段階で、「五、六居より十居迄」の「能鷹（よき）」を献上するようにとある。

そして、献上鷹は「大かさにて恰合能鷹」が好まれているが、「小かさ」でも「顔先能丈夫」な鷹や「此外替り物」でも可とされている。また、前年の享保元年時には一居であっても献上するようにということであったが、今年はそれには及ばないとある。

一居でも急いで献上した前年とは異なり、数を揃えて、しかも、その中で「能鷹」を吟味することが命じられている。前年は吉宗への初献上ということが重視されたのに対し、この年は前年以上に鷹の質が重視されているのである。

これは、鷹を享保元年に献上したのは津軽家ばかりではなく、諸大名も献上したわけで、将軍のもとに一定の鷹を集めることができると幕府側は判断したため、量から質の重視へ転換したと思われる。

津軽家も大久保常春の指示を受け、同年九月二十二・二十四両日に弘前を出発させた鷹十一居の内、「御鷹容」が「上」のもの三居、「中ノ上」のもの八居を選んでいる。享保元年時の「中ノ上」四居・「中」二居と比して、明らかに質の高い鷹である。

享保二年九月九日の「国日記」を見ると、大久保の用人古田七郎右衛門から「能鷹御撰候上ケ被成候様」に、良い鷹を選んで献上するようにとの指示も事前に得ていた。

こうして献上された津軽家の鷹は、非常に評判が高かった。「江戸日記」享保二年九月二十一日条によれば、津軽家の聞役松野茂右衛門が幕府鷹匠頭の戸田のところへ参上すると、津軽家の献上鷹「藻川」が鷹狩で鶴を捕獲したが、「藻川」は「もかわ」と読むのか「そうかわ」と読むのか、また藩主津軽信寿が付けた名か、それとも「在名」(地名)かということが尋ねられている。それに対し、松野は「もかわ」という地で留めた鷹であると答えている。「鶴捉」の格式を得たため、「藻川」という名が付けられた経緯について、戸田から問い合わせがあったのである。

さらに、献上鷹は将軍吉宗をも喜ばせている。

「国日記」享保二年十二月二十六日条に、聞役松野茂右衛門が大久保常春を訪れた際、大久保の用人古田七郎右衛門から伝えられた内容が記されている。すなわち、将軍の「上意」によれば、「この秋に献上した鷹は道中も入念に運ぶことができたようで、尾羽の損失もなく、それらの鷹は残らず鷹狩の御用に役立った。吉宗も『御満悦』であるから、来年の秋に献上する鷹もそのような鷹を献上するように」ということであった[13]。

家康と吉宗は、歴代将軍の中でも極めて多く鷹狩を行っている。鷹狩は将軍自らが江戸城を出る数少ない行為の一つであり、家康と吉宗の二人は鷹狩中の逸話・エピソードを多く残している。先に述べたように、家康は鷹狩をめぐって喜悦したり激怒したりする姿が「駿府記」などに記されていた。吉宗についても、松浦静山の『甲子夜話』にもいくつかの逸話を見ることができる[14]。

例えば、吉宗が「初て御鷹野御成」を行った時、周囲の者は吉宗の服装が質素であったことを見て驚き、それまでの「奢風」を改めたという。「御鷹野のときは、何かに無造作なるを好」んでいたのである。

また、葛西における鷹狩の際、ある農家に立ち寄り、その家の者に汚れた足を洗わせたことがあった。その者は「人相を善く観る」ことで近郷にも知られており、将軍吉宗とは知らずに、顔を見て「おまへは扨々上なき御人相なり」と言った。吉宗は「大に笑」って、「かれは人相の上手かな、褒てやれ」と近侍の者に話し、「御賞美の物」を与えたという。

3　国家の政事

鶴御成

宮内庁書陵部が所蔵する史料に、「玄鶴能記」[15]というものがある。これは、延享二年（一七四五）から文政十年（一八二七）まで、約八十年間における将軍の鶴御成（つるのおなり）が記されており、鶴を捕獲した月日と場所がまとめられている。鶴御成とは、鶴の捕獲を目的とした将軍自らの鷹狩のことである。最初の延享二年は吉宗が隠居し、家重が九代将軍に就任した年にあたる。一方、最後の文政十年は十一代将軍家斉の治世期である。つまり、家重・家治・家斉という三人の将軍が、いつどこで鷹狩を行い、鶴を捕まえたのかが判明する。

実際に鶴を捕獲した鷹の名前も記されている。鷹の出所地名が、そのまま鷹の名前となっているが、さらにその鷹を預かっていた担当者の名前、鷹匠や鷹匠同心の名前までが明記されているのである。「玄鶴能記」は、宮内庁式部職編『放鷹』に「鷹の御成と玄鶴日記」という項目で取り上げられているが、鷹匠・鷹匠同心の名前については触れておらず、その上、記載順序が間違っている箇所があるので注意を要する。

また、「玄鶴能記」の巻末には、「文恭院様鶴　御成、此以後無御座候」とあり、文恭院すなわち家斉の鶴御成は、文政十二年十二月九日を最後に実施されなかったとする。また、これに続けて、「右御三代之間、玄鶴之記御物数書之中より写抜」と記しており、別の史料から「写抜」をしたものであることがわかる。家斉が死去したのは天保十二年（一八四一）で、文恭院という院号はその時に定められるので、「写抜」によって「玄鶴能記」が作成されたのは、必然的に天保十二年以降となる。

なお、次章で取り上げる「中山善大夫日記」同様、「昭和3年12月　伯爵松平直亮寄贈」との判が巻末に捺されている。かつて松江藩が所蔵し、松平直亮が宮内庁に寄贈した史料の一つであった。ただし、「玄鶴能記」の内容は将軍の鷹狩に関することであり、幕府鷹匠らが作成したものを松江藩側が筆写・保存していたと理解できよう。

さて、家重は延享二年十一月二日に新将軍となった。「玄鶴能記」の冒頭には、「惇信院様　将軍御代初、延享二丑年十一月廿六日、梅田筋鶴　御成」とある。家重にとっては将軍就任後、初めての鶴御成であった。「梅田筋」は現在の足立区辺りを指し、そこが初回の鶴御成場所に選ばれたのである。これはおそらく、梅田筋に鶴が多く飛来しており、ここで鷹狩をすれば鶴を捕獲できる可能性が高いとの勝算があってのことだろう。

実際、「大滝」と「横手」という鷹が、黒鶴一羽ずつを捕まえている。「大滝」は千駄木組の鷹匠同心藤倉八十郎、「横手」は雑司ヶ谷組の鷹匠松岡九八郎の担当で、それぞれ「千住町裏」と「保木間村」（現足立区）で鶴を獲た。将軍家重にとって初めての鶴御成は成功に終わったのである。

父吉宗は健康的で、息子家重は病弱であったというイメージを持ちやすい。たしかにそういう部分はあったようであるが、吉宗の比ではないものの、家重も江戸近郊での鷹狩を繰り返した。鶴御成に限定すれば、将軍就任時の延享二年は二度、同三年一度、同四年二度、寛延元年（一七四八）二度、同二年二度、同三年二度と、毎年一度か二度は行っている。「玄鶴能記」には「御　黒鶴壱羽」というように記されている箇所がある。この「御」は将軍自身が鷹を放って鶴を捕獲したことを示しており、家重は自ら鷹を使っていたのである。

将軍所持の「御鷹」が捕まえた鳥を「御鷹之鳥」というが、その中でも、将軍自らの拳に据えた鷹による場合は「御拳之鳥」という。「御拳之鳥」は「御鷹之鳥」の中で特に重視され、「御拳之鶴」は最も珍重されていた。武家社会の頂点に君臨していた将軍が、自ら鷹狩を行って、獲物の最高位に位置する鶴を捕獲したからである。「御拳之鳥」は諸大名への下賜や饗応に扱われたが、この点は後述する。

宝暦元年（一七五一）、大御所吉宗が死去した。そのため、「未申両年鶴　御成無御座候」と、家重は宝暦元・二年に鶴御成を実施しなかった（以下、「玄鶴能記」）。鶴御成の再開は宝暦三年のことで、十一月十三日に千住筋へ向かい、そこで鷹を使っている。

しかし、宝暦五年を最後に、家重は鶴御成を行っていない。翌六年十二月十八日には家重の嫡子である家治が葛西筋へ行き、「御」自ら黒鶴壱羽を捕まえている。「玄鶴能記」には「従当年　公方様御成無御座候」とあり、家重は将軍在任中であったが、以後は鶴御成に出かけることがなかった。

その家重の代理ともいえるだろうか、世継ぎ時代の家治は鶴御成を毎年一度ずつ行っている。宝暦十一年は家重が死去したため、鷹狩自体を行うことはなかったが、翌十二年十二月五日には、小松川筋で鶴御成を再開した。しかも、これは「浚明院様　将軍　御代初鶴」と、家治の将軍就任後、初めてのことであった。この日の家治は、東小松川・亀戸・深川の三ヵ所で黒鶴壱羽ずつを「御」自ら捕獲している。家重同様、代替り後、初めての鶴御成は成果を上げたのである。

以後、「鶴　御成日記」に記述が見えないという明和二年（一七六五）・同三年と、将軍家に不幸のあった安永八年（一七七九）を除き、家治は天明五年（一七八五）まで毎年鶴御成を行っている。

安永八年の場合は、どういう事情で鶴御成が実施されなかったのであろうか。

家治の後を継いで十一代将軍になったのは家斉であるが、当初から将軍に就任する見込みがあったわけではない。というのも、家治には家基という実子があり、成長を果たし、大納言にまで昇進していた。家治も家基も、また周囲の誰もが、家治の後継者は家基であると疑っていなかった。

吉宗の曽孫にあたる家基は、安永七年十一月二十五日、嶋根筋（現足立区）において「大納言様初鶴　御成」を行った。将軍嫡子としてのもので、幕府の鷹匠や鷹匠同心がこれに随従している。

ところが、翌八年二月二十四日、家基は急死した。品川方面で鷹狩を終えた帰路、品川東海寺で倒れ、その三日後のことであった。このため、父である将軍家治は同年の鶴御成を中止した。

一方、安永九年から家治は鶴御成を再開し、天明五年まで継続した。天明六年一月三日には、病気のためであろうか、葛西筋へ「御名代」を派遣し、自らは出向いていない。そして、その年の九月八日に家治は死去した。

一橋家から十一代将軍に迎えられた家斉は、天明七年十二月十三日に「初鶴　御成」を行っている。以後、家斉も毎年鶴御成を実施するが、特に小松川筋へ向かった頻度が高い。同地域に鶴が多く飛来するためであり、鷹関係の役人や地域の村人らは、鶴御成が成功するように、毎年その努力を怠っていなかった。

そうした中、文化七年（一八一〇）二月十八日、「公方様　大納言様御同道　御成」が小松川筋で行われた。「公方様」は将軍家斉、「大納言様」はのちに十二代将軍となる家慶で、寛政九年（一七九七）に大納言へ昇進した。親子揃っての鶴御成であった。

さらに家慶は、文化十四年一月十八日に「右大将様　御成」として品川筋へ向かっている。文政三年（一八二〇）二月三日も品川筋で「右大将様　御成」があった。家慶の右大将昇進は文化十三年で、「大納言様」から「右大将様」に改称されている。また、のちに家慶は「内府様」と記されている。家慶が「内府」すなわち内大臣となったのは文政五年であり、それに伴うものであった。

そして、「玄鶴能記」最後の記事となる同十年十二月九日には、千住筋で「内府様　進献鶴　御成」とある。「進献鶴」とは、天皇へ贈る鶴のことである。本来は将軍である家斉が捕獲するわけだが、この年は家斉に代わって家慶が、その捕獲を目指すこととなった。同日、「西岩手」という鷹が「鶴一羽捉」に成功し、仁孝天皇へそれを進献している。

将軍の名代

将軍所有の「御鷹」が捕獲した鳥を「御鷹之鳥」という。実際には、幕府鷹匠らが預かった「御鷹」によるものである。これに対して、「御拳之鳥」は、将軍自らの「御拳」から放たれた「御鷹」が捕まえた鳥を指す。すなわち、「御拳之鳥」も「御鷹之鳥」の範疇にあるが、将軍が直接捕獲したという点で極めて価値が高かったのである。

諸大名は、この「御鷹之鳥」や「御拳之鳥」を拝領することがあった。彦根藩井伊家もその一人で、拝領したことを記録に残している。

天明四年（一七八四）三月九日、井伊直幸（なおひで）は将軍家治から「御拳之雉子」を拝領した(16)。この時は通例と異なることがあった。その前日、幕府目付の山川貞幹（さだもと）が、井伊家留守居荒居治大夫・山本運平・富田権兵衛に「問合書付」を渡している。通常は「御鷹之鳥」を持参する上使は幕府使番がつとめていたが、今回は小納戸頭取の岡部一徳（かずのり）がそれを担うこととなった。

ところが、「奥之衆之儀ニ付、諸事不案内」と、小納戸頭取は江戸城奥向きの役職であるため、持参・下賜する手筈に不案内であり、目付の山川が井伊家側に心添えを頼むという内容であった。加えて、「御鷹之鳥」の内、鶴・雁や雲雀の受け渡しは例年行われているが、雉子は希少な事例であることから、山川はその先例を問い合わせている。

井伊家の留守居は、この「問合書付」に対する「返答書付」を差し出し、これを基盤にして、作法通りに「御拳之雉子」拝領を進めている。幕府側・大名側、双方で先例の事前確認をしたのである。また、嘉永三年（一八五〇）十二月十一日、井伊直弼は「御鷹之雁」を拝領した(17)。同年十一月二十一日に家督相続したばかりであり、江戸の中屋敷でこれを受け取っている。その使者となったのは、幕府使番の岡田善邦である。直弼が拝領することは事前に触れられており、屋敷で「御鷹之雁」を持参する岡田の到着を待っていた。

こうした拝領は恒例化しており、直弼は先例に則った行動を取っている。会釈や平伏をするタイミング、両手の動かし方や扇子を置く位置、上使の座る場所や拝領物を受け取る場所、そして直弼自身の御礼の言葉など、すべては先例通りであった。

そして、上使の岡田が将軍家慶の「上意」を述べている間、直弼はその前で平伏し続けている。最後には、「上使之事故、平日よりハ少々丁寧ニ致会釈候事」と記されている。「御鷹之雁」を持参してきた上使は、将軍の名代として井伊家屋敷に来ているのであり、直弼は平常より丁寧に会釈をしている。見えない将軍の姿を体感しているのである。

先例によるマニュアルも作成されている(18)。その「恒例御鷹之鳥拝領　上使請之式」には、「平日御旗本衆江之会釈よりハ、上使之事故、少々丁寧ニ会釈致候事」とあり、「平日」すなわち通常の旗本に対する会釈に比して、「上使」の場合は「少々丁寧ニ会釈」をしたのである。「御拳之鳥拝領者、格別之事」とも記されている。

さて、松浦静山は『甲子夜話』の中で、「姫路酒井家、拝賜の鳥開にて客を招くときは、当日御鳥持参の御使番を上客とし、間柄の国持衆、溜詰衆にても、皆御次席に坐せしむること、古来よりの家法と云」と記している。(19) 姫路藩の酒井家も将軍から「拝領の鳥」を与えられたが、客を招いてそれを「開」いてともに食することがあった。この饗応では、「御鳥」を持参した将軍の上使（使番）を「上客」として扱い、国持大名や溜詰大名であっても、その次席に座を設けた。これは以前からの酒井家の「家法」であるという。

使番は旗本で、身分が高いわけではなかったが、「御鳥」を持参した時は将軍名代であり、拝領した大名側もそうした意識をもって対応したのである。これは井伊家や酒井家だけではなく、拝領する側の共通した認識と見受けられる。

御拳之鳥の饗応

諸大名は将軍から「御鷹之鳥」を拝領するだけではなく、江戸城において調理された「御鷹之鳥御料理」として、饗応を受ける場合があった。

彦根藩井伊家も饗応の場に臨席した一人であり、「井伊家文書」に関連するいくつかの式書が残されている。なかでも、「御拳之鳥御料理頂戴」と記載された史料が目に付く。

まず「御拳之鳥御料理頂戴旧記書抜」という史料がある。[20] これは①享保二年（一七一七）十二月二十三日の「御拳之鳥」饗応、②寛保元年（一七四一）一月十五日の「御拳之鶴」饗応、③寛延元年（一七四八）十一月二十七日の「御拳之雁」饗応に関する儀式が記されており、後年に書き抜いて筆写されたものである。この内、①は直惟、②と③は直定が藩主であった。また、その饗応を行った将軍は、①と②が吉宗、③が家重である。ここでは、②を取り上げることとしよう。

井伊家は毎月一・十五・二十八日に月次登城を行っていた。井伊直定はこの日も定例の登城をしていたわけだが、老中の本多忠良から「御拳鶴之御料理」を与えられることが伝えられた。そして、直定は会津藩主の松平容貞（かたさだ）とともに召し出された後、「山吹之間」において老中出席のもと、その饗応を受けたのである。翌十六日、前日の御礼を述べるため、直定は将軍吉宗のいる本丸と嫡子家重のいる西丸に登城し、老中らへの挨拶回りを行っている。なお、会津松平家は井伊家同様、江戸城溜間（たまりのま）に殿席を持つ溜詰（たまりづめ）大名であり、両家が揃って「御拳之鶴」の饗応を受けたのである。

この饗応の儀式は非常に重要で、誰もがそれを受けられたわけではなかった。井伊家は溜詰であればこそ受けられたのであり、一般の譜代大名や外様大名らはその場に参加していない。しかも、饗応に出されたのは将軍自ら鷹狩で捕獲したもので、それを食することは極めて将軍からの信頼ある人物であることを証明するものとなり得た。

また、井伊直幸は宝暦十三年（一七六三）に二度、一月十八日と十一月二十五日に饗応を受けている。[21] 将軍は家治で、宝暦十二年十二月五日に将軍就任後の「御代初」鷹狩を実施したばかりであった。

宝暦十三年の一月十八日、直幸は「御拳之鳥雁御吸物」の饗応を受けた。そこでは、他の溜詰大名らと「官位之順」に同席し、先に将軍の御目見があった。その後、別の部屋に移って饗応となるが、その「御吸物椀之蓋」を開けることは老中の出座があるまで待ち、老中の合図とともに蓋を取って食したという。

十一月二十五日の場合は、「御射留之菱喰御料理頂戴」であった。「此間　御成之節、御弓ニ而被遊御留候菱喰御料理」、すなわち将軍家治自ら弓を放って捕獲した菱喰の料理が、井伊家などの諸大名に与えられることとなった。この時の饗応も「御吸物」として出されており、それが通常であった。また、将軍の御目見や、老中を待って蓋を開けたのも、一月十八日時と同様である。

そして、明和六年（一七六九）十二月十五日、直幸は家治から「御拳之鶴」の饗応を受けた。[22] 前述の「玄鶴能記」によれば、家治は同年十二月六日に小松川筋へ向かい、その鶴御成で鶴を自ら捕獲している。この鶴が饗応に出されたのであろう。

この時、直幸は宝暦十三年に「御拳之雁」と「御射留菱喰」の饗応を経験していることから、どこから達しがなくとも、溜詰同席の大名とともに、先例にならって本丸（将軍家治）・西丸（嫡子家基）への御礼回りを行っている。

また、饗応の場に臨んだのは「去年十二月十五日ニ頂戴無之面々計」、前年の明和五年十二月十五日に「御拳之鶴御料理」を与えられなかった面々のみであった。直幸は明和五年十二月時は彦根に在国中で、明和六年十二月時は江戸に滞在していた。饗応は江戸城で実施されるため、在国中であればそれを受けることができない。

当時の諸大名は原則として一年ごとの参勤交代を行っているので、二年連続で実施されれば、そのいずれかで饗応を受けることが可能である。直幸は二回目で受けたわけだが、会津松平家の場合は一回目に臨席している。この一回目の式書も「井伊家文書」に残されており、封紙に「此式書、松平肥後守方江頼遣シ認被指越候ニ付写置」とある。会津松平家に依頼して、その模様を書き留めた文書を借用し、井伊家側で筆写したものであった[23]。

すなわち、明和五・六年の「御拳之鶴御料理」饗応は連動した行為であった。二回に分けて実施することで、諸大名へ均等に与えようという配慮があったのである。

さて、井伊家は藩主のみではなく、嫡子が「御拳之鳥」の饗応を受ける場合もあった。藩主直幸が彦根に在国中であった安永五年（一七七六）十二月二日、直幸の嫡子直豊に、饗応があるため同月四日に登城するようにと、老中から指示があった。直豊は当時十四歳で、前年に家治の初御目見を済ませ、玄蕃頭（げんばのかみ）に叙任されたばかりである。

しかし直豊にとって、嫡子の身でありながら饗応を受けることは、非常に名誉であったが、気がかりなことがあった。そこで、次のような手紙を差し出している[24]。

日光社参も済み、大納言家基様の麻疹も軽くなったので、将軍家治様は「御満悦」であろうと思います。これにより、二日後の十二月四日に「御能」を催すこととなり、私直豊にも「御拳之鳥御料理」を頂戴することが達せられ、有難き幸せなことと思います。しかし、私はまだ五節句や月次の登城が許されていません。それでも登城してよいのでしょうか。この件をお伺いしたいと思います。

直豊は諸大名が行う五節句や月次の登城を経験せずに、「御拳之鳥」の饗応を受けてしまうことを懸念していた。しかし、その返書（付札）は、「伺い通り、登城するように」というもので、問題なく臨席することができたのである。

すなわち、「御拳之鳥」の饗応は本来、節句の登城などを経てから受けることができる行為であった。受けられる資格を得ていないのではないかという懸念があったわけで、自身はその段階に至らず、まだふさわしくないのではと感じていたのである。それほど、その饗応の席に臨むことは名誉あることと認識していたといえよう。

なお、直豊は天明七年（一七八七）、家督相続前に二十五歳で死去した。

幕末期の改変

幕末の文久二年（一八六二）、幕府は参勤交代を緩和した。同時に、献上物の制限も指示している。まず、年始や八朔などにおける献上物は従来通りとすること。ただし手数のかかる物は変更の願いを出してもよいこと。そして、それ以外の献上物はすべて「御免」、すなわち無用とすること。ただし、「格別ニ御由緒」のある献上物については幕府に伺いを立てることが定められている。[25]

これらは参勤交代の緩和に付随して出された指示であるが、それでは何が「格別ニ御由緒」のあるものとして継続されたのであろうか。献上物が全体的に縮小される中で、引き続き献上されるのは、当時の幕府にとって何が重要であったかを示すことになるだろう。

その一部は、参勤交代緩和の翌日に出された触書から判明する。献上物全体が「御免」となった中で、初鶴・初菱喰・初鮭の三種はこれまで通りと定められた。理由は天皇へ進献するためであった。

では、鷹についてはどうか。

津軽家は毎年五居を将軍に献上していたが、これは幕末まで継続された。天保二年（一八三一）から安政五年（一八五八）までの鷹献上記事がまとめられている「御鷹御献上」[26]という史料によれば、その期間は安政五年を除いて、毎年若鷹五居を献上していることがわかる。安政五年に献上が行われていないのは、同年七月六日に十三代将軍家定が死去したためである。

さらに、「国日記」や「江戸日記」[27]からは、安政六年・万延元年（一八六〇）・文久元年（一八六一）にも鷹献上が行われていることが確認できる。献上統制が出される前年まで、通常通り鷹献上が続けられていたことは確実である。それは他の大名も同様で、松前藩は文久元年に将軍へ献上するための鷹十六居を江戸へ運んでいることが津軽家の日記に記されている。

そして文久二年、諸献上品が廃止または制限される中、鷹献上に関する指示が津軽家に与えられた。文久二年十一月十九日、老中松平信義から呼出があり、その用人から津軽家留守居に書付が渡された。これによれば、将軍への献上物廃止が定められたが、大鷹は天皇へ進献する「鶴御用御鷹」であるためこれまで通り献上すること、ただし、今まで五居を献上していたところを、これからは二居のみ献上するようにと指示されている。

原則として献上物が廃止されていく中で、鷹は引き続き献上することが定められているのである。重要なのは、鷹を献上させ続ける理由で、天皇への鶴進献が目的であった。

しかも、その鷹は大鷹二居を要求している。前年まで津軽家は若鷹五居を献上していた。この点にも注意が必要である。

まず、若鷹が大鷹に変わったことについてだが、若鷹がその年生まれの鷹であるのに対し、大鷹はすでに成長を遂げた鷹で、後者の方が実用的である。従来は大名が若鷹を将軍へ献上し、その鷹を幕府側で育て、鷹狩に使用し、狩猟実績をあげた大鷹の中から諸大名に下賜されるものが選ばれていた。ところが、ここで幕府側が大鷹を要求しているのは、すぐに鷹狩に使用できる鷹を集めようとしたのであり、それは天皇へ鶴を進献する目的を果たすのに短期間で済む。

次に、二居に減少されたことであるが、これは参勤交代緩和との関係があると考えられる。帰国の餞別に鷹を拝領した大名は限定されていたが、その大名たちも参勤交代緩和の影響で、帰国する回数が減少した。それは鷹拝領回数の減少も意味した。そのため、幕府は従来の数の鷹を確保しておく必要がなくなり、献上数を減らすよう指示したのであろう。

文久二年十一月九日には、例年行われていた諸大名への御鷹之鳥下賜も廃止となった。これにより、将軍が鷹狩に出かける必要も少なくなり、鷹の数を減らしても影響はなかった。

こうして、津軽家の献上は大鷹二居と決まった。それは最低限の必要数であった。その後、文久三年・元治元年・慶応元年にも、鷹献上は継続されたが、慶応二年には献上されていない。これは将軍家茂死去に伴うもので、老中井上正直（まさなお）から鷹の使用を控えることが命じられている。

そして、慶応三年以降は鷹献上が不可能・不必要な社会状況となり、津軽家の日記にも鷹献上記事が見られなくなる。

第三章は、歴代将軍の鷹狩について述べてきた。

五代将軍綱吉は鷹狩縮小の方針をとったが、天皇への鶴進献や、諸大名との鷹贈答などを継続しており、すぐに鷹狩廃止を即断できる状況ではなかった。また、将軍が鷹狩を廃止している状況でも、独自に鷹狩や鷹贈答を行う大名の姿を見ることができた。

鷹狩を再興したのは八代将軍吉宗である。諸大名の間では鷹献上再開の噂が流れており、実際その通りに、吉宗は鷹献上を命じた。それは久しぶりの再開であったが、吉宗の意向を気遣いながら、献上を進めようとする大名と幕府役人の姿も見受けられた。

また、吉宗以降の歴代将軍も鷹狩を継続しており、特に鶴御成が重視された。それは将軍嫡子が代行することがあっても、毎年実施される定例行事となっていた。

個々の資質によって将軍自身による鷹狩実施の度合いは変化しているが、綱吉らによる中断期を挟みながらも、幕末まで将軍の鷹狩は存続していたのである。

吉宗の事績を記した「有徳院殿御実記附録」巻十三[28]に、「御みづからの遊楽」としてではなく、「鷹狩にことよせて諸士の進退」を検分するなど、「鷹狩はすべて講武の一助」と認識していたと記されている。さらに、吉宗に登用された代官の田中休愚は、鷹狩の悪弊を列挙する中で、「四巡放鷹の御遊の事は元来国家の政事」であると述べる[29]。武士の社会であればこそ、鷹狩は「講武」の行為として重視され、「国家の政事」とも考えられていたのである。

註

(1) 塚本学『生類をめぐる政治―元禄のフォークロア―』(平凡社、一九八三年)、大舘右喜『幕藩制社会形成過程の研究』(校倉書房、一九八七年)、根崎光男『生類憐みの世界』(同成社、二〇〇六年)を参照。

(2) 『新訂増補　国史大系徳川実紀』第六篇(吉川弘文館、一九六五年)。

(3) 弘前市立図書館所蔵「津軽家文書」(「弘前藩庁日記」)。

(4) 朝日重章著・塚本学編注『摘録・鸚鵡籠中記―元禄武士の日記―』(岩波書店、一九九五年)。

(5) 筆者はかつて鶴・菱喰を〝含む〟諸鳥が献上停止となったと判断したが、根崎光男氏に指摘された通り、鶴・

菱喰を〝除く〟諸鳥が献上停止と定められたといえる。実際、盛岡藩などが元禄六年（一六九三）以降も鶴などを献上している。
(6)　この時期、弘前藩領は飢饉に見舞われ、家臣の召し放ちなどを断行している。
(7)　「津軽家文書」。
(8)　『盛岡藩雑書』第六巻（盛岡市教育委員会・盛岡市中央公民館編、熊谷印刷出版部、一九九二年）。
(9)　『二本松市史』第六巻（一九八二年）。
(10)　大石学『享保改革の地域政策』（吉川弘文館、一九九六年）は、享保改革と鷹場再編などの関係を明らかにしている。
(11)　宮内庁式部職編『放鷹』。
(12)　『新訂増補　国史大系徳川実紀』第八篇（吉川弘文館、一九六五年）。
(13)　「津軽家文書」の「真名板淵御鳥屋之儀ニ付御答之案文」によれば、幕府は享保二年（一七一七）十一月から翌年にかけて、名鷹の出所地として名高い真那板淵地域の状況などを津軽家に尋ねている。同史料は、その回答案である。
(14)　松浦静山著・中村幸彦・中野三敏校訂『甲子夜話』第一巻。
(15)　宮内庁書陵部所蔵「玄鶴能記」。
(16)　「井伊家文書」六〇〇八。
(17)　「井伊家文書」六一五七・六一五八。
(18)　「井伊家文書」六八八三。
(19)　注(14)に同じ。
(20)　「井伊家文書」六六九七・六七三五。

(21)「井伊家文書」五八一二・五八二八・五八二九・六七四七。
(22)「井伊家文書」五九〇六・六五五二。
(23)「井伊家文書」五八九二・五八九三
(24)「井伊家文書」五七九六。
(25) 石井良助・服藤弘司編『幕末御触書集成』第三巻(岩波書店、一九九三年)。
(26) 弘前市立図書館所蔵「八木橋文庫」。
(27) 注(3)に同じ。
(28)『新訂増補　国史大系徳川実紀』第九篇(吉川弘文館、一九六六年)。
(29) 田中休愚著・村上直校訂『新訂民間省要』(有隣堂、一九九六年)。

第四章　鷹匠と若年寄

1　名鷹を扱う技術者

鷹匠同心中山善大夫

幕府の鷹匠は旗本である。鷹匠に付属する鷹匠同心は御家人であり、いずれも歴とした武士であった。御用絵師・医師などと同様に、その技能をもって将軍に仕えていたのである。なかでも、鷹匠らを統轄する鷹匠頭は、役高が一千石であった。

鷹関係の役職は非常に多様で、鷹匠系統、鳥見系統、および鷹野役所系統の三つに大きく分かれていた。従来の研究では、鷹関係役人の内、鳥見に主眼が置かれてきた。鳥見は江戸近郊農村との接触が密接であり、村落研究とともに鳥見の研究も進んだ。

それに対して、鷹匠に関する研究は少なく、組織的なことが少し触れられているに過ぎない。しかし、鷹匠は将軍の「御鷹」そのものを管理・飼養するなど、非常に重要な役目があった。鷹匠なくして、将軍の鷹狩や鷹贈答は成立しないのである。

これまで述べてきたように、江戸時代における鷹の主要な出所地は、蝦夷地と奥羽、現在の北海道・東北地方であった。そうした地域の諸藩が将軍に鷹を献上したわけだが、幕府は鷹が献上されてくるのを待っていただけではなかった。江戸時代初期においては、幕府鷹匠を松前・津軽方面などに度々派遣しているのである。

秋田藩佐竹家の家老が書き残した「梅津政景日記」[1]によると、幕府鷹匠の秋田来藩は元和六年（一六一〇）の大塚茂右衛門某・山本藤右衛門盛近が初めであった。彼らはそこから津軽または松前へと北上しており、そうした通行は寛永九年（一六三二）までほぼ毎年続いた。

これは名鷹を求めてのことである。『寛政重修諸家譜』[2]によれば、江戸幕府開幕以前の文禄期から、三橋信次や伊東春景が鷹を求めて津軽に赴いていることがわかる。山本盛近の父近正の場合は、天正十八年（一五九〇）以前から「仰をうけて諸国にいたり、御鷹をもと」めていたという。

これらのように、鷹匠は鷹を求めて秋田・津軽・松前方面へ度々出かけたが、次第にそうした派遣は行われなくなる。諸大名から将軍への鷹献上がシステム化され、江戸から諸国へ派遣する必要もなくなったためであった。

また、近世前期の鷹匠のなかには、関東・東海の各所に常駐する者もいた。それは鷹部屋が各所に設けられていたことや、鷹場の管理を任せられていたことが理由である。関東では、川越・忍・鴻巣・鉢形・八王子・下妻・佐野・東金などに常駐する鷹関係役人がおり、川越の倉林や八王子の竹本などは現地の代官を兼務している。関東外では、伊豆三島・遠江中泉・近江野洲などに配置され、それぞれ世襲して各所の鷹部屋・鷹場を管理した(3)。

しかし、こうした関東内外に派遣された鷹匠らは、綱吉の鷹狩縮小・廃止に伴い、鷹部屋や鷹場も不要となったため、次第に江戸に集まることとなる。

さて、享保期の鷹匠同心に、中山善大夫という人物がいる。中山は職務に関する日記を書き残しており、その写本が宮内庁書陵部に伝来する(4)。将軍所有の「御鷹」を預かり、江戸近郊で鷹狩を行うなど、専門技術者としての活動を知ることができる。本節では、この日記から鷹匠同心と将軍「御鷹」の動向を追っていくことにしよう。

ちなみに、宮内庁書陵部には徳川将軍の鷹狩に関する史料が数多く所蔵されている。江戸幕府崩壊後、明治時代になると、それまで将軍が行っていた鷹狩などの狩猟権は、天皇が掌握した。そこで、将軍の鷹狩関連史料も天皇の元に移り、宮内庁が管理することとなった。宮内庁式部職は『放鷹』を編纂し、古代からの鷹狩の歴史をまとめている。そこでは、宮内庁が所蔵する史料が多く引用されているのである。

現存する中山善大夫の日記は五冊で、いずれも表紙に「中山善大夫ヨリ借写」との朱字がある。また、日記の表紙には表7のような表題がある。それぞれの表題は異なるが、以下では便宜上、まとめ

表7　「中山善大夫日記」の年代

番号	日記の表題	記載年代
①	「日記」	享保８年１月11日～９年２月28日
②	「御鷹御用扣」	享保９年３月３日～10年12月28日
③	「御鷹御用扣」	享保11年１月１日～11年12月28日
④	「務方覚」	享保16年１月９日～17年12月26日
⑤	「勤方日記」	享保18年１月４日～18年12月28日

て「中山善大夫日記」と記すことにする。

年代は享保八年（一七二三）から十一年までの四年間と十六年から十八年までの三年間、合わせて七年間のことが記されている。当時の将軍は吉宗であり、吉宗自身が頻繁に江戸近郊で鷹狩を行っていた。

また、同時期は千駄木と雑司ヶ谷に鷹部屋があり、それぞれに置かれた鷹匠頭が、鷹匠や鷹匠同心らを統轄・支配していた。千駄木組の鷹匠頭は戸田勝便、雑司ヶ谷組の鷹匠頭は小栗正等（まさとも）（のち森川氏長、ついで小林直時に交替）がつとめている。渋谷良信を頭とする「吹上明組」が設置されていた時期にもあたる。

中山自身は・雑司ヶ谷組の鷹匠同心である(5)。吉宗の鷹狩に、中山も随従していることが「中山善大夫日記」から判明する。

川越・茂原・町田・川崎

享保八年（一七二三）の日記は、「卯正月十一日、日帰り罷出申候」という記事から始まる。日帰りで向かった場所は江古田村で、中山は鷂（はいたか）を携えていた。江古田村では小鴨一羽を捕獲している。同月十二・十五日には、上板橋村において鷹狩を行い、両日とも小鴨一羽ずつの成果を上げた。

しかし、この鶉は尾羽が折れてしまったため、二十二日に小嶋軍平へ渡している。小嶋も雑司ヶ谷組の鷹匠同心で、鶉を雑司ヶ谷鷹部屋へ返却したのである。

二月十八日、中山は「切久保御鶉」を鷹匠組頭から受け取った。鷹匠や鷹匠同心は、それぞれに鷹を預かっていたが、特定の一居のみというわけではなく、時に応じて担当が代わっている。

そして、この「切久保」とともに、中山は「野先江出立」した。出立日は四月十四日、向かった先は川越方面である。

江古田村や上板橋村へは「日帰り」で、その日の内に江戸の鷹部屋に戻った。それに対し、「野先」は少し遠方で、宿泊を伴うものであった。数日にわたることが多く、数ヵ月かける場合もある。それも一ヵ所ではなく、数ヵ所を巡っており、その先々で鷹狩を行っている。

「切久保」を携行した中山は、四月十四日に江戸を出立し、戻ってきたのは五月十一日である。およそ一ヵ月に及ぶ出向で、その間、いくつかの村を滞在拠点にしていた。具体的には、入間郡藤間村、下吉見領大和田村、足立郡高尾村、入間郡川越領石井村、同森戸村、同柏原村などで、数日ごとに「宿替」をしている。一ヵ月間、現埼玉県中部地域を巡ったのである。

そこでは鷹狩の成果も上がり、雲雀や雀・椋鳥を計十二羽捕獲したことがわかる。そして、「切久保」は五月十八日に鷹部屋へ戻している。

続いて、中山は七月一日に「渋山御鶉」を受け取った。同月十一日から二十九日まで、「野先」を巡ったが、この時は上総の茂原村に達している。その往復、「渋山」は雲雀の捕獲を繰り返し、その数は四十二羽に上った。

その後も、中山はいくつかの鷹を預かり、「日帰り」や「野先」での鷹狩を行った。「日帰り」は中野村・落合村・長崎村などで、現在の中野区・新宿区・豊島区方面に向かっている。

続いて、享保八年十月末から十二月までに、中山は二度、「野先」へ出立している。まず、十月二十五日に江戸を出立し、十一月五日に戻るまで、中山は原町田村に向かった。往路は登戸村で、復路は世田谷村で一泊している。登戸村では「宿　名主五郎右衛門」、原町田村では「宿　名主平右衛門」、世田谷村では「宿　名主弥五左衛門」と、それぞれの名主宅に寄宿していたのである。預かった鷹は「赤白御鷂」であった。

次に、「川村塒若大鷹」を預かり、十二月一日から二十六日まで、川崎筋および忍領を回った。江戸の南側に位置する川崎筋では成果を上げていないようであるが、数日間江戸に逗留した後、そのまま江戸の北側、忍領へと向かっている。その甲斐あり、忍領では多くの真鴨を捕獲している。

中山は享保九年の元旦を江戸で迎えた。正月早々、三日に「紅大緒（おおお）」を受け取っているが、これは「川村塒」が鴨を捕獲したからであった。「大緒」は鷹につける組紐のことで、これを提げていることは狩猟実績があるという証でもあった。鶴を捕獲すると、「紅」が別の色に替わるが、それは後で触れることにしよう。

このように、鷹匠同心の中山善大夫は、将軍の鷹を順々に預かり、それを携えて鷹狩を行った。一日で戻ってくる日もあれば、現在の埼玉県川越市、千葉県茂原市、東京都町田市、神奈川県川崎市などを数日かけて回る時もあったのである。

立川・八王子・熊谷・横浜

中山善大夫の動きは、享保九年（一七二四）になると、より慌ただしくなっている。同年五月二十八日、中山は「檜皮水山御鵃」を預かった。早速、六月十一日の夕刻から「野先」へ出立し、一ヵ月後の七月十二日に江戸へ舞い戻っている。

向かった先は武蔵の西部で、六ヵ所で宿泊している。最初に逗留した①小金井村では、光明院を宿とした。六月十五日には②芝崎（柴崎）村に至り、組頭の次郎兵衛宅に泊まっている。二十一日には③八王子町、二十四日には④木曾村に到着した。二十九日には⑤磯部村に「宿替」し、源左衛門方に宿泊した。さらに、七月三日から⑥小山村に逗留し、五日に再び②芝崎村の次郎兵衛宅を宿とし、十二日にそこから江戸への帰路を取った。現在の市域でいうと、東京都の①小金井市・②立川市・③八王子市・④町田市、神奈川県の⑤相模原市・⑥横浜市緑区にあった村々である。

そうした村々を拠点として、中山は鷹狩をほぼ毎日行った。しかも、雲雀を数多く捕獲し、その総数は二百八十二羽に及んだ。

興味深いのは、それらの使い分けで、「上鳥」は二百三十二羽、「取飼」が五十羽とある。前者は将軍の「御鷹」が捕まえた鳥として江戸へ上らせるのに対し、後者は「くわせ」（喰わせ）とも書かれるように「御鷹」が食す餌となった鳥のことを示している。獲物が「野先」道中の餌としても使用されたのである。

また、中山が磯部村に滞在していた六月晦日、「御頭様御出被成候」とある。「御頭」は鷹匠頭のことで、小栗正等自身が木曾村を訪れて、所属の鷹匠同心らによる鷹狩の模様を見届けている。七月十四日、江戸に戻って二日後のことであるが、中山は幕府から「御ほうび金壱両」を拝領している。理由は「野先物数仕候ニ付」と、この武蔵西部における鷹狩で、獲物を数多く捕まえたためであった。

八月二日には、「卯木山御鷂」を受け取っている。同月には赤塚村へ五度、「日帰り」で向かい、雲雀などを捕獲した。九月三日から十五日までは、相模鶴間村へ行き、鶉を「上鳥」としている。九月末から十月初旬にかけては、徳丸筋で鷹狩を行っている。

さらに十月十四日、中山は大宮町で一泊し、熊谷方面へと向かった。その時に預かったのは「川村𪀚御鷂」で、真雁や真鴨を捕獲し、十一月三日に江戸へ帰っている。

その五日後には、「川村𪀚」に代わり、「殿井御鷹」を受け取っている。これは「献上松平陸奥守」との注記があるように、かつて仙台藩伊達家が将軍に献上した鷹であった。

十一月十九日から十二月二十一日まで、中山はその「殿井」を携えて、現在の横浜市・川崎市方面を回った。最初の拠点としたのは、相模の下倉田村と下俣野村（いずれも現横浜市戸塚区）である。中山は両村を「宿替」しながら、雁や鴨を捕獲し、藤沢村などにも足を伸ばした。下俣野村は名主安右衛門方を宿としたが、下倉田村には「御鷹部屋」があった。この「御鷹部屋」は相模方面で鷹狩を行う際の拠点として利用されていたようで、のちの「中山善大夫日記」にも登場する。

十二月三日には「相州下倉田村御鷹部屋」から「武州川崎領市場村」へ「宿替」した。それから、川崎領中島村（現川崎市川崎区）や戸手村（現川崎市幸区）で鷹狩を行ったが、中島村では待望の「黒鶴捉飼」に成功した。これは、中山にとって享保九年最後の獲物ともなった。喜びは一入であっただろう。

享保十年四月十七日から五月五日にかけて、中山は再び相模へと向かった。川崎領鶴見村、神奈川領下野川村、相州藤沢町、神奈川町、神奈川領西寺尾村を回るルートである。

そして、六・七月は下総・上総を回っている。預かったのは「信州伊奈郡小川」を出所地とする鷂であった。六月二十二日に江戸を出立し、下総の船橋町・鎌ヶ谷村・犢橋村（現千葉市）・加曽利村（同）を経て、上総の土気町（同）に到着した。いずれも名主方などに宿泊し、雲雀などを捕獲している。七月二十日には埴谷村（現山武市）に至ったが、翌二十一日に「御頭より御成御用」すなわち、鷹匠頭の小栗から将軍吉宗の御成が予定されている旨の連絡が入り、二十二日に江戸へ戻った。

しかし、中山とともに下総・上総両国を回った「小川」は病気となり、薬療治が施されている。次に預かった「鹿嶋御鵠」も病気のため療治となり、中山は「卯木山御鵠」の担当となった。九月十二日には、「吹上ニ而御鷹上覧ニ罷出申候」と、江戸城吹上において将軍吉宗による鷹の上覧があったことが知られる。

十月になると、「川村塒」の鷹を担当することになり、十五日に川崎領へ出立した。大師河原村から相模下倉田村の「御鷹部屋」へ向かい、そこから三浦郡や鎌倉郡へも渡っている。中山は、稲毛領矢上村を経て江戸へ戻ってきてからも、「川村塒」を担当し続けた。

亀戸で鶴を捕獲

享保十一年（一七二六）一月二日、中山は「御成御用」のために「川村塒」と「野先」へ出立することとなった。将軍の「御成」が一月十二日に予定されていることが事前に知らされており、その準備のために出立したのである。向かったのは武州神奈川領鶴見村で、雁を捕獲している。小机領篠原村や吉田新田などでは、雁や鴨を捕まえたことがわかる。

一月七日には「御頭より十二日御成延引」の知らせが鶴見村に届けられた。その十二日には、御成が十八日と命じられた。しかし、十六日の段階で、雪のために再延期となり、二十二日と改めて決定された。十七日には、中山が預かっていた「川村塒」を「御頭」すなわち鷹匠頭の小栗が「御見分」している。

また、御成前日の二十一日、中山は御成先の亀戸町へ先行し、一泊している。二十二日当日は晴天に恵まれ、亀戸筋への吉宗御成が執行された。同日、中山は「川村塒」を使い、「黒鶴御捉飼」に成功した。

注目されるのは、その後の記述で、二十三日条に「鶴御捉飼被遊候ニ付、為御褒美金五両頂戴仕候」とある。中山は鶴を捕まえることができたので、褒美として金五両を拝領したのである。鶴を捕まえたことによって褒美を受け取ったことはあったが、雁や鴨などを一羽捕獲しただけでは、このような事例を見ることができない。鶴はそれだけ特別視された鳥であった。

さらに、二十八日条によれば、「御頭江御断申上、増餌受取申候」と記されている。鷹匠頭に申請して、「川村塒」の餌を増やすことが許可されたのである。「増餌」は二月七日まで続いており、これも鶴捕獲という名誉によるものであった。

四月には、将軍吉宗の嫡子である家重の猪狩・鷹狩が実施されている。猪狩は十三日に駒場筋で行われた。鷹狩は二十三日に志村筋で行われ、雉子など四十羽を捕獲した。

六月十八日に「六厩」の鶴を受け取った中山は、七月十五日から下総・上総方面を巡った。江戸に戻ったのは八月六日なので、この時も、およそ一ヵ月間の巡回であった。

下総の馬加（まくわり）（幕張、現千葉市）村から千葉村を経て上総に入り、久保田村（現袖ケ浦市）や皿木村（現長生郡長柄町）などを「宿替」して、七月二十九日には東上総の茂原村に至った。そこから西へ向かい、潤井戸（うるいど）村（現市原市）や検見川（けみがわ）村（現千葉市）を通り、小岩田村（現江戸川区）から八月六日に江戸へ帰った。

その間に捕獲した雲雀の総数は、二百三羽に及んだ。この中から、「上鳥」と「くわセ」に分けられ、前者は江戸城へ運ばれ、後者は鷹の餌となった。

大納言家重による鷹狩も繰り返された。十月十六日には家重の「吹上御成」があり、数十羽の鶉を捕獲した中で、家重自らの「御拳」に据えた鷹で、鶉二羽を捕まえた。十一月二日にも家重の「吹上御成」があり、「御拳一羽」を自ら得ていることがわかる。

そうした中、十一月十一日に「御頭御死去之由申来り候」と、雑司ヶ谷組の鷹匠頭をつとめた小栗が死去した。同月二十九日条によれば、後任の鷹匠頭には森川金右衛門が就任したことが記されている。

また、その十一月二十九日に、中山は「岩歩」という鷹を預かった。この時は鶴を捕まえるようにとの命令を受けており、十二月中に忍領方面を回ったところ、十二月十一日に鶴を捕獲することができた。そこで、江戸に戻った後、十二月十七日に「紫大緒」を受け取っている。鶴捕獲という実績により、「紅大緒」より上のランクである「紫大緒」に変更となったのである。

吉祥寺村井ノ頭御林へ放鳥

中山は享保十六年（一七三一）の初めも「川村掛」の鷹を担当した。「務方覚」の冒頭には、「川村掛、七掛迄、鶴弐ツ・雁壱ツ・青鷺弐ツ・へら鷺弐ツ・鴨三拾七・五位十七・烏七ツ」と記されている。この「川村翀」は「七翀」すなわち七歳に至るまで、鶴二羽を筆頭に雁・鴨・鷺などの鳥を捕獲した。「鶴捉」の格式を持つ鷹となったのである。

二月三日には「川村翀」を江戸城吹上において、「吹上明組」の頭である渋谷良信が「御見分」している。それは、「白鳥捉」や「鶴捉」の鷹と一緒で、「川村翀」は九居の一つであった。その十日後、中山は「川村翀」を鷹部屋へ戻している。

四月六日には、吉宗による鷭の狩猟が本庄筋で行われた。この時は、「小五郎様」のちの一橋宗尹（むねただ）も一緒で、吉宗は十八羽、宗尹は四羽を、それぞれ「御拳」に据えた鷹で直接捕獲している。また、四月十四日条によると、中山を含む三十三人の鷹匠同心らが「明組」へ異動となった。

中山が次に預かった鷹は「小屋ヶ尾御巣鶴」で、六月二十日に「吹上明組」の鷹匠組頭水上八右衛門から受け取っている。それを携えて、七月八日から「野先」へ出立している。下総の船橋・鎌ヶ谷・加曽利を経て、上総の土気町や極楽寺村（現東金市）に至り、臼井村（現佐倉市）などを回って二十九日に江戸へ戻った。それらの村々で雲雀を多く捕獲し、「上鳥」として江戸城へ運んでいる。八月五日には、「野先より上鳥数多ク致候」という理由で、金一両を与えられた。

そして九月十七日、中山は再び「川村翀」の担当となった。将軍吉宗の上覧の後、九月晦日から十一月二日まで、現在の横浜市域を回っている。村名を挙げると、下倉田村（戸塚区）・神奈川町（神奈川区）・三枚橋村（同）・太尾村（港北区）・斎藤分村（神奈川区）・吉田新田（中・南区）・太田村（南区）・篠原村（港北区）・鶴見村（鶴見区）で鷹狩を行っており、鴨や鷺を捕獲した。

その後、「川村塒」は渋谷良信の見分を受けるなど、注意深く扱われた。しかし、次第に鷹狩に適さなくなっていったようで、「御放」という判断が下されることとなった。「御放」とは、その鷹を自然に帰す「放鳥」行為である。鷹狩の別名を「放鷹」というが、「御放」は「放鷹」とは異なる。以後は鷹狩に使用しないことが決まると、鷹の「御放」が行われたのである。

ただし、「御放」が決定されるまでには時間がかかっており、鷹匠頭による「川村塒」の見分が繰り返されている。最終的には十二月十二日に「川村塒御放」が命じられている。鶴や雁を捕獲するなど、鷹の中では成績優秀であり、慎重に放鳥を判断したのであろう。

放鳥場所も定かである。十二月十四日条によると、「武州多摩郡吉祥寺村」で「御放」となった。しかも、「井之頭御林」で放鳥していることがわかる。現在の井の頭公園がある地域であるが、ここに「川村塒」が放たれたのであった。長年、この鷹を担当した中山も同行しており、吉祥寺村で一泊している。

翌十五日には「吉祥寺村役人方より証文」を受け取り、鷹匠組頭の松岡九郎右衛門に送っている。「土鳩三羽放シ申候」と同日条にあるが、これは「川村塒」の餌用であろうか。

さらに、中山は「井之頭御林」を見回り、「御鷹」すなわち「川村塒」の姿が見えないことを確認している。これで安心して吉祥寺村を出立し、江戸に戻ることができた。

なお、享保十六年中の中山は、「野先日数五拾五日」および「日帰り日数拾三日」であったとまとめている。一年の内、約二ヵ月は江戸に帰ってこなかったのである。

三浦・茅ヶ崎・太田・東金

享保十七年（一七三二）も方々を回っている。

一月十六日に江戸を出立し、押立（おしたて）村・是政（これまさ）村（ともに現府中市）から神奈川宿・長尾村（ともに現横浜市）を経て、二十五日に相模の藤沢町に到着した。さらに、晦日には三浦郡秋谷村（現横須賀市）、二月一日には同郡下宮田村（現三浦市）へと至っている。そこから武州金沢町（現横浜市）・神奈川町で宿を取り、二月五日に江戸へ戻った。

この時、中山が預かったのは「坂塒」という鷹で、「真鴨四羽・黒鴨弐羽・口鴨壱羽・五位四羽」という狩猟成績を上げている。

六月十二日には、「飛州大野郡白川郷尾上村御巣鷂」を受け取っている。飛騨の白川郷を出所地とする鷹を、中山は担当することとなった。しかし、同月二十三日から下総方面へ出かけ、鷹狩に使用するはずであったが、少々熱があって、様子も悪かったため、途中で江戸へ帰ってきている。それに代わって中山が担当したのも、飛騨「白川」の鷹であった。ところが、この「白川」も熱を出している。

次に、中山は「吉川」「森塒」という二居の鷹を預かった。十月七日から武蔵北部地域を回り、真鴨などを数多く捕獲している。武蔵の忍領を中心に鷹狩を繰り返していたが、特に十月十七日には「新田郡亀岡村」に「宿替」している。ここは上野国内であり、現在の群馬県太田市域である。

また、十一月二十日条には「松前鷹目利ニ吹上迄出ル」とある。中山も吹上に向かった一人で、松前藩が献上した鷹の鑑定をしていることがわかる。

そして、享保十八年も中山は諸方面で鷹狩を行っている。一月には神奈川領大豆戸村（現横浜市）・稲毛領溝口村（現川崎市）・府中領押立村など、七月には下総鎌ヶ谷村や上総極楽寺村などを回った。相模の鶴間村へは、九月末から十月初めにかけてと、十月末から十一月初めまでの二度鷹狩に訪れている。

さらに十一月中は、現在の川崎・横浜市域を経て、相模高座郡大庭村（現藤沢市）や下町屋村・矢畑村（ともに現茅ヶ崎市）に至っている。相模方面から中山が江戸に戻ったのは十二月一日であるが、その三日後には東へと足を運んでいる。

下総船橋町から上総武射郡横芝村（現横芝光町）に至り、下総匝瑳郡八日市場村（現匝瑳市）へと北上した。太平洋に面する同郡野手村（同）では黒鶴を捕獲し、「上鳥」として江戸へ運んでいる。そこから南下し、上総山辺郡東金町に到着した。かつて家康や秀忠が鷹狩に訪れた地域である。

以上のように、鷹匠同心中山善大夫は、様々な地域へと出かけ、将軍から預かった「御鷹」で鷹狩を行っていた。享保十七・十八年の例では、東は下総八日市場や上総東金、西は相模高座郡、南は三浦郡、北は上野新田郡にまで、行動範囲が及んでいたのである。

特に九月以降は渡り鳥が飛来することもあって、休む間もなく、こうした地域を駆け回っている。それは将軍「御鷹」に鶴・雁・鴨を捕獲させるためであった。鷹匠や鷹匠同心は、将軍「御鷹」を代理で扱う使命を帯びていたのである。

2　鷹狩の責任者

御鷹掛若年寄水野忠成

江戸幕府の職制上、鷹匠などの専門職は若年寄の支配下にあった。将軍―若年寄―鷹匠頭―鷹匠―鷹匠同心といった支配関係である。

若年寄は四人から六人くらいの人員で構成されており、月番制の勤務体制で、月毎に当番を担当した。一方、若年寄それぞれに専管事項が与えられることがあった。「職掌録」(6)によると、若年寄の中から一人ずつ「御勝手懸」「御鷹懸」「御馬懸」「御女中様方御用」が命じられている。それぞれ財政担当・鷹関係担当・馬関係担当・江戸城奥女中担当となったのである。すなわち、御鷹掛若年寄が将軍の鷹狩関係の責任者であった。

しかし、江戸時代の初めからそのような担当が設けられたわけではなく、家康・秀忠の時代には年寄衆（のちの老中に相当する）が担っていた。例えば、家康付属の本多正純や秀忠付属の土井利勝などが鷹場の巡回などを行っている(7)。本多正純の場合、「いつの頃にや例の泊狩に出立せたまはんとて、本多上野介正純諸事奉りて指令しける」とあるように、家康の鷹狩などの「泊狩」を恒常的に指示していたという(8)。

また、幕府は御三家や特定の大名に対して鷹場を与えることがあったが、米沢藩上杉景勝の場合は元和元年（一六一五）に拝領している。場所は武蔵府中領・八王子筋で、その際の触れに本多正純・土井利勝・安藤重信三名が連署していることがわかる(9)。

寛永九年（一六三二）、秀忠の死去後、将軍家光は幕府職制の再編を進める中、鷹狩関係の担当者に松平伊豆守信綱を指名した。信綱は家光の小性として古くから仕え、将軍就任後も側近として活躍した人物である。幕府は正保四年（一六四七）に鷹場取締法令を発布するが、鳥類を殺生する者を見つけた場合は「松平伊豆守」へ注進するようにと命じている(10)。信綱は老中として幕政を担いつつ、鷹場管理の責任者も兼ねていたのである。

家綱の時代になると、信綱の役目は牧野親成（ちかしげ）が引き継ぎ、朽木稙綱（たねつな）、永井尚庸（なおつね）、堀田正俊の順で「御鷹方」支配を担当している(11)。

次の綱吉は、複数の若年寄が月番で「御鷹方」を担うことを定めるが、鷹狩縮小・廃止に伴い、「御鷹方」という記述も史料に見られなくなっていく。

しかし、八代将軍に就任した吉宗が鷹狩を再開し、同時に鷹関係を束ねる人物が必要となった。その白羽の矢が立ったのは、大久保常春である。大久保は享保元年（一七一六）七月二十二日に「御鷹掛」若年寄となった。この「御鷹掛」は、常春以後、水野忠定、板倉勝清、小出英持、水野忠見、加納久堅、安藤信成と続いており、若年寄の中から選ばれた一名が担当する体制が敷かれた。

ちなみに、幕末の天保十三年（一八四二）から嘉永四年（一八五一）までは大岡主膳正忠固が御鷹掛若年寄をつとめていたため[12]、本書の冒頭で記したように、井伊直弼が将軍家慶から拝領した鷹を大岡の屋敷で受け取ったのである。

そして、文化期には水野出羽守忠成が御鷹掛若年寄をつとめたが、忠成は職務に関する日記を書き残しており、御鷹掛若年寄時代のものも現存している。以下、その「水野忠成側日記」[13]から、将軍「御鷹」の取り扱いに着目していこう。

忠成は宝暦十二年（一七六二）、旗本岡野家に生まれた。のちに旗本水野忠隣の養子となり、家斉に世継ぎ時代から小性として近侍した。家斉が将軍に就任した後、沼津藩主水野忠友の養子に迎えられ、享和二年（一八〇二）に沼津藩三万石を相続した。

その享和二年から奏者番をつとめ、翌三年に寺社奉行兼帯、文化三年（一八〇六）に若年寄に昇進した。文化九年には家斉の嫡子家慶の側用人となり、文化十四年に本丸老中格兼任、続いて文政元年（一八一八）には勝手掛担当、さらに西丸側用人と本丸老中を天保五年（一八三四）に死去するまでつとめた。

そして、表8のように、「水野忠成側日記」は八冊が現存している。若年寄および老中時代の日記で、忠成は現存する時代以外にも日記を書き続けていたと思われる。

また、若年寄列座などの中に「自分」という表記がある。すなわち、忠成自身が記した日記であることがわかる。

さらに、それぞれの表紙に添付された題箋の文字にも注意しなければならない。第二・三・四冊には「御鷹掛留」、第六・七冊には「御勝手掛」と題箋に記されている。前者は御鷹掛若年寄、後者は御勝手掛老中としての役務が書かれているわけである。

表8　「水野忠成側日記」の年代

冊番号	日記の年月	水野忠成の役職
第１冊	文化４年６月	若年寄
第２冊	文化５年11・12月	若年寄（御鷹掛）
第３冊	文化７年４～６月	若年寄（御鷹掛）
第４冊	文化８年10・11月	若年寄（御鷹掛）
第５冊	文化９年２月	若年寄
第６冊	文政６年１～６月	老中（御勝手掛）
第７冊	天保３年１～６月	老中（御勝手掛）
第８冊	天保３年閏11月	老中

本書は、鷹と将軍の関わりをテーマとするものであるから、とりわけ「御鷹掛留」の日記三冊が重要となる。文化五・七・八年中のわずか七ヵ月分に過ぎないが、鷹に関する事柄が詳細に書き留められている。

特に鷹匠頭から忠成への報告や、忠成からの指示などは興味深く、こうした両者の往復書状留が中心を占めている。当時の鷹匠頭は旗本の戸田勝英（かつてる）と内山永恭（ながのり）で、両家とも鷹匠頭職を世襲していた家

表9　「水野忠成側日記」に見る鷹献上大名

番号	江戸到着報告日	鷹献上大名	鷹の種類
①	文化5年11月7日	秋田藩佐竹右京大夫	若黄鷹5居
②	文化5年11月29日	盛岡藩南部大膳大夫	若黄鷹5居
③	文化7年6月9日	尾張徳川家	巣鷂2居
④	文化7年6月18日	尾張徳川家	巣雀鷂2居
⑤	文化7年6月22日	松本藩松平丹波守	巣鷂2居
⑥	文化8年10月18日	新庄藩戸澤大和守	若黄鷹1居
⑦	文化8年10月20日	仙台藩松平（伊達）政千代	若黄鷹5居
⑧	文化8年10月23日	米沢藩上杉弾正大弼	黄鷹1居
⑨	文化8年10月28日	弘前藩津軽越中守	若黄鷹5居
⑩	文化8年11月3日	松山藩松平三郎四郎	雀鷂2居
⑪	文化8年11月5日	秋田藩佐竹右京大夫	黄鷹5居
⑫	文化8年11月19日	松本藩松平丹波守	網掛鷂2居
⑬	文化8年11月25日	長岡藩牧野越中守	網掛鷂3居
⑭	文化8年11月25日	松前藩松前家	巣鷂3居・網掛若鷹10居
⑮	文化8年11月28日	盛岡藩南部大膳大夫	若黄鷹5居

柄であった。また、戸田は千駄木組の鷹匠、内山は雑司ヶ谷組の鷹匠をそれぞれ支配した。

全国から集められる名鷹

将軍に鷹を毎年献上する大名がいたことは、先に述べた通りである。これを「水野忠成側日記」から抽出すると、表9のような十五例を見ることができる。献上鷹は合計五十八居にのぼる。もちろん、現存している日記の範囲内であり、これに記載されていることが献上のすべてではない。高島藩諏訪因幡守の場合は、文化七年（一八一〇）六月十三日条に「例年献上仕候私領分巣鷹、当年者無御座候故献上不仕候」とあり、予定されていた巣鷹を捕獲できなかったため、献上

表10 「水野忠成側日記」に見る鷹上納者

番号	鷹上納日	鷹出所地	鷹の種類
①	文化7年5月25日	大塚亀之進支配所　日光芦尾	巣鷂3居
②	文化7年5月25日	大塚亀之進支配所　日光草久村	巣鷂1居
③	文化7年5月29日	野田松三郎代官所　甲州巨摩郡黒平	巣鷂3居
④	文化7年5月29日	野田松三郎代官所　甲州巨摩郡石堂	巣鷂2居
⑤	文化7年5月29日	山口鉄五郎代官所　日光粕尾	巣鷂3居
⑥	文化7年5月29日	榊原小兵衛代官所　武州秩父郡広河原谷	巣鷂3居
⑦	文化7年5月29日	榊原小兵衛代官所　武州秩父郡神奈川谷	巣鷂2居
⑧	文化7年5月29日	中村八大夫代官所　甲州八代郡大房	巣鷂2居
⑨	文化7年5月29日	野田源五郎代官所　日光板荷	巣鷂2居
⑩	文化7年6月2日	榊原小兵衛代官所　武州秩父郡大滝	巣鷂2居
⑪	文化7年6月3日	田口五郎左衛門代官所　飛州大野郡岩井	巣鷂1居
⑫	文化7年6月3日	大塚亀之進支配所　日光栗山	巣鷂2居
⑬	文化7年6月4日	矢橋松次郎代官所　甲州都留郡成沢村	巣鷂1居
⑭	文化7年6月6日	大塚亀之進支配所　日光土呂部	巣鷂2居
⑮	文化7年6月8日	大塚亀之進支配所　日光今市	巣鷂2居
⑯	文化8年10月2日	日光御領　日光今市平ヶ崎	網掛鷂1居
⑰	文化8年10月4日	野田源五郎代官所　日光今里	網掛鷂1居
⑱	文化8年10月5日	野田源五郎代官所　日光岩花	網掛鷂1居

を中止している。

しかし、将軍家の鷹は諸大名からの献上によるものだけではなく、幕府領から上納された鷹もあった。「水野忠成側日記」では、前者が「献上」、後者が「上納」と書き分けられている。そこで、それぞれ献上鷹や上納鷹と表記することにしよう。

現存の「水野忠成側日記」を見る限り、上納鷹は巣鷂十五件と網掛鷂三件、計十八件を数える（表10）。巣鷂は五・六月、網掛鷂は十月の上納である。そして、それらの出所地や上納者が明記されていることは注目に値する。

上納鷹の地域は限定されていた。下野の日光が十件で十八居、甲斐国内が四件で八居、武蔵国秩父地域が三件で七居、飛驒国内の事例は一件で一居という内訳である。この中では、特に日光からの上納が件数・鷹数ともに多いことがわかる。「諸国鷹出所」や「諸国鷹出所地名郡附」をすでに紹介したが、そこでも鷹出所地として、「日光」「甲州」「武州」「飛州」が挙げられていた(14)。いずれもが幕府領で、代官の支配地である。

すなわち、将軍は鷹を通じて全国を管轄・支配し、大名領からは大名に鷹を献上させ、幕府領からは代官に鷹を上納させていたのである。こうして、全国の至るところから名鷹が将軍のもとに集められ、将軍の鷹による支配が全国各地に行き渡っていた。

そして、この上納鷹について注目されることは、上納した「鷹主百姓」が明記され、彼らに代わって上納する商人の存在も判明することである。

例えば、文化七年六月六日条によれば、日光土呂部(どろぶ)で巣鷂二居を捕縛した「鷹主」の源兵衛は、六月五日にそれを上納することとなった。上納鷹は「鷹主百姓」自身が江戸へ運ぶ場合もあるが、この時は源兵衛に代わって、東国屋伊兵衛が江戸城吹上へ上納している。その時点で鷹の吟味が行われ、「無別条」と判断されたため、内山が鷹匠頭をつとめる雑司ヶ谷鷹部屋へ移されることとなった。

病気時の薬療治

鷹も生き物であり、病気となることもあった。そのため、すぐ献上者へ返却される場合もある。文化八年（一八一一）十月十九日、仙台藩主伊達周宗(ちかむね)は、藩領内で捕獲した鷹七居を将軍に献上した。いずれも「若黄鷹」であった。

しかし、その翌日、五居は将軍のもとに「御留」となったが、二居は「御返」とされている。そのため、鷹匠頭の戸田と内山は、仙台藩伊達家の家臣に対し、内山宅に来るよう命じ、そこで仙台藩に二居が返却されたのである。

これは献上鷹も上納鷹も同様であった。文化七年六月八日条によると、日光土呂部を出所地とする巣鶏二居が「御返シ」と判断されている。返却の理由は、「様子見合申候処、弐居共育無甲斐御座候」というものであった。上納鷹の様子を見たところ、育てる甲斐がない状態とされたのである。

また、鷹が病気となった際は、薬による療治が施されている。「清滝」という鷹を例に挙げよう。文化七年六月六日、二居の鷹の「据替」が定められた。「据替」は鷹の担当者を交替するという意味で、「清滝」は雑司ヶ谷組鷹匠同心宇都宮勇助から同じく中山栄蔵に交替した。

しかし、それからわずか十日後の同月十六日、鷹匠頭の内山から、御鷹掛若年寄の水野へ、「煩候御鷹之儀申上候書付」という文書が届けられた。「清滝」を出所地とする鷹が、二日前から餌をあまり食べず、昨日夕刻には「虫熱之様子」となり、病気が重い状態となってしまったので、薬療治を施すという内容である。「虫熱」とは寄生虫などによる腹痛の病気で、「虫気」ともいう。

この「清滝」を担当していた中山栄蔵は、鷹の状態を鷹匠頭の内山に伝え、内山から水野へと情報が伝わった。それは将軍所有の「御鷹」であるからで、「御鷹」関係の総責任者であった御鷹掛若年寄のもとに、細かな情報も集められたのである。

さらに二日後、六月十八日の夜中に、「清滝」は「薬飼療治」の甲斐なく「煩落」、すなわち死去している。この情報も、鷹匠頭を通じて、御鷹掛若年寄の耳に入れられた。将軍「御鷹」に関して、様々かつ詳細な情報が寄せられていたのである。

また、鷹の尾羽が落ちてしまった場合、「御仕舞」として塒に入れられることになる。文化八年十月十一日条によれば、朝鮮半島を出所地とする鷹五居が塒へ放たれた。その理由は、「肉茂肥候間」と記されている。尾羽や嘴・爪、全体の体つきなど、外見上で鷹狩に相応しくないと判断された鷹は塒へ戻された。鷹は外見上も内面上も適当なものだけが鷹狩に使用されたのである。

御放と御捨

「水野忠成側日記」文化八年（一八一一）十一月十日条によると、「御放ニ仕候御鷹之儀申上候書付」として、「七塒　瀬川塒鶴捉」を「昨九日、武州吉祥寺村井ノ頭御林江御放」としたことが記されている。

この前日に鷹を放ったという情報である。この行為は放鳥といわれ、放った場所は「武州吉祥寺村井ノ頭御林」であった。「水野忠成側日記」によると、同地での放鳥は文化七年四月六日・六月二十二日にも行われたことがわかる。これらは、いずれも水野に報告されている。

文化年間に限らず、「井ノ頭御林」は鷹の特定放鳥場であったと考えられる。先に取り上げた「中山善大夫日記」にも、同様の記述があったことが想起されよう。中山が担当した「川村鵰」という鷹は、享保十六年（一七三一）十二月十四日に、同じく吉祥寺村「井之頭御林」で放鳥された。

それだけではない。弘化三年（一八四六）における吉祥寺村の史料からは、この「井ノ頭御林」で「笠嶋」という大鷹が放鳥されていることがわかる。その「差上申一札之事」[15]によると、鷹の放鳥が行われることに伴い、その鷹が村へ飛来して野鳥や餌鳥を捕まえても一切手を出さないことを吉祥寺村と近隣諸村へ徹底させている。

当時の「井ノ頭御林」は幕府の直轄御林で、鷹を放鳥する適地と判断されたため、同所で繰り返し放鳥が行われたのであろう。確認できたのは享保・文化・弘化期であるが、近世中後期において、ここが放鳥場所として機能・存続していたと考えられる。

それでは、なぜ放鳥するに至ったのであろうか。理由は、鷹の年齢、狩猟能力にあると思われる。文化八年時の「瀬川鵰」は「七鵰」に達していた。享保十六年時の「川村鵰」も放鳥時は「七鵰」であった。七鵰は七歳の鷹ということを意味し、鷹狩の第一線で使用するには高齢となっていた。そのため、以後は鷹狩に使用しないと判断され、自然に帰す放鳥という手段をとったと見られる。

文化八年十月十五日条には、「御放・御捨ニ仕候御鷹之儀申上候書付」が記されている。これも雑司ヶ谷組鷹匠頭の内山が、水野に報告した書付で、これから「瀬川坶」という鷹を「御放」、「玉庭」「福嶋」「相之間」という鷹三居を「御捨」にするという内容である。

この内、「瀬川坶」が一ヵ月後に「井ノ頭御林」で放鳥されることになる。すなわち、鷹匠頭は事前に御鷹掛若年寄の承諾を得た上で、放鳥を遂行したのである。将軍が所有する「御鷹」であり、鷹匠頭の判断のみで軽率に行うわけにはいかなかった。

また、「御放」と「御捨」は違う行為であった。同じ日に行われる場合、「御放」となる鷹と「御捨」となる鷹とは明確に書き分けられている。両者では「御放」の方が「御捨」よりも格上の行為であったと推察される。

放つと捨てる。手放すという意味では同じだが、より丁寧に扱われたのが「御放」であった。その区分けは、それまでの狩猟実績によって分けられたと思われる。この「瀬川坶」も、享保期の「川村坶」も、鶴の捕獲経験を持つ「鶴捉」である。そうした実績も考慮されて、「井ノ頭御林」への「御放」が決まったのであろう。

江戸城内の食材に

将軍が自ら鷹狩を行う江戸廻りの鷹場は御拳場、その外縁部に設定された鷹場は御捉飼場と呼ばれた。この内、御捉飼場は「鷹匠が鷹の訓練をするところであり、村々はそのための人馬提供や、上ヶ鳥と呼ばれる鷹の餌となる鳥を供給する義務を負っている」鷹場とされる(16)。また、千駄木・雑司ヶ谷各組によって、御捉飼場の担当地域が分けられており、「五十余万石の地域に亘り、千駄木組の関するは武州川越領及常州一帯の地にて、雑司ヶ谷組の関するは武州足立郡鴻巣領より西埼玉郡忍領・騎西領・大里郡深谷本庄辺上州境まで北東の方へよりて新田領羽生領刀根川辺まで此間百余ケ村二十四万石余」であるという(17)。現在の南関東の大半を覆い尽くすような広域的なものであった。

そして、「水野忠成側日記」からは、どの地域に、どのくらいの頻度で、どのくらいの数の鷹と鷹匠が、御捉飼場に派遣されていたのかがわかる。逐一、鷹匠頭が水野に報告し、それを水野が日記に書き留めたからである。水野は二人の鷹匠頭を通じて、千駄木・雑司ヶ谷の両組を統轄していた。

しかし、御捉飼場は広域であるが、両組の鷹匠らは特定地域に繰り返し向かっていることがわかる。千駄木組は主に川越領・新方領・東金領などであり、雑司ヶ谷組は忍領・府中領・稲毛領などであった。

ここであげた川越・東金・忍といった地域は近世初頭からの鷹場であり、かつて家康が頻繁に鷹狩を行っていた場所でもある。一円的・広域的に設定された鷹場の中で、実際の鷹狩は特定の場所において集中的に遂行されていた。それは江戸幕府の開幕当初においても、「水野忠成側日記」の文化年間においても変わりはなかったといえよう。

鷹狩は獲物を捕獲することが目的である。そのため、鷹狩が可能な環境、渡り鳥が飛来する環境が恒常的に整っていなければならない。川越や東金は、そうした環境整備が保持された場所であった。

さて、「水野忠成側日記」文化八年十月十五日条によると、雑司ヶ谷・千駄木両組の鷹匠らは、それぞれ鷹をつれて「野先」へ出立した。雑司ヶ谷組は二手に分かれ、一手は武州忍領・騎西領筋へ、もう一手は武州吉見領・忍領・騎西領・羽生領・百間領筋へ向かった。一方、千駄木組は四手で、武州川越領筋、武州新方領筋、武州二郷半領筋、下総国・常陸国筋へと、分かれて出立した。もちろん、各方面へ向かう鷹もそれぞれ異なっていた。

そして、各「野先」では鷹狩が行われたが、その獲物が重要であった。例えば、この時に川越領筋へ向かった千駄木組の鷹は、「日川隼」が真雁四羽、「平井隼」が真雁二羽、「泉川隼」が真雁三羽をそれぞれ捕獲している。それらの獲物は「上ヶ鳥」として江戸城へ運ばれている。

何のために、こうした「上ヶ鳥」が行われているのであろうか。同月二十日、千駄木組鷹匠頭の戸田は「上ヶ鳥真雁九羽」、雑司ヶ谷組鷹匠頭の内山は「上ヶ鳥真雁三羽」を、「奥」へ回している。それを受け取った旨の書付を、幕府の御賄頭が水野へ差し出している。この「奥」は、江戸城の奥向のことを指す。

つまり、江戸城奥向で食されるための「上ヶ鳥」であった。各方面での鷹狩における獲物は、江戸城内で暮らす人々の食材となったのである。

しかし、「上ヶ鳥」が数多く江戸城内に集まってくると、「捉飼雁、最早数多ニ上ヶ候ニ不及旨」と、

「上ヶ鳥」中断の書付が鷹匠頭に渡される。ここで一年間の鷹狩とそれに伴う「上ヶ鳥」が終了することになる。また、鶴・雁・鴨を除く鳥は、あまり求めていないようで、その他の鳥は「雑鳥ニ付上ヶ鳥不仕候」とも記されている。

江戸近郊の鶴飛来地

とりわけ、鶴の捕獲は重要視されていた。それは「鶴御成」と呼ばれる将軍自らによる鷹狩の場合も、鷹匠らによる鷹狩の場合も同様である。

「水野忠成側日記」文化五年（一八〇八）十一月二十一日条には、雑司ヶ谷組の「御鷹調書」と千駄木組の「巻紙調書」が記されている。この二つから、各組どのような鷹を預かっていたかがわかる。それによれば、「御成鶴御用御鷹」や「雁御用御鷹」、あるいは「野先ニ而鶴捉飼可申御鷹」といったように、用途別・獲物別に鷹が分類されている。将軍の「鶴御成」に使用する「御成鶴御用御鷹」の場合はすべて、かつて鶴の捕獲経験があるという「鶴捉」の格式を持つものであり、そうした優秀な成績を上げた鷹のみが、将軍の「鶴御成」専用として選ばれたのである。将軍が鷹狩で鶴を捕まえるために使用する鷹は、すでに鷹匠らが使用して鶴捕獲の経験を有する鷹であった。事前に鶴捕獲経験が必要であったわけである。

そして、優秀な「鶴捉」の鷹には、その格式だけではなく、一見してわかるような工夫が施されていた。「中山善大夫日記」にも見られたような「紫大緒」である。

文化五年十二月二十八日、鷹匠頭の戸田は「紫大緒ニ仕候御鷹之儀申上候書付」を御鷹掛若年寄の水野に提出した。千駄木組鷹匠の乙幡治兵衛預かりの「目名山」という鷹が、同年二月十三日と十一月二十三日に黒鶴一羽ずつ捕獲した。鷹匠同心捉飼市川喜兵衛預かりの「上之国」も、一月二十八日と十一月二十八日に黒鶴一羽ずつ、同じく同心の小林段蔵も、「苔丸」という鷹で二月二十八日と十二月一日に黒鶴一羽ずつの捕獲に成功した。

そこで、戸田は水野に対し、この三居の鷹が鶴を捕まえたので「紫大緒」にする旨を報告している。大緒は鷹の足革を結びつける組糸の緒で、重要な鷹道具の一つである。

すでに享保四年（一七一九）九月の段階で、鶴を捕獲する前は「紅條」、捕獲した後は「紫大緒」とすることが定められている(18)。それに従い、この時も「紅條」から「紫大緒」に変わったものと思われる。

しかも、鷹匠頭の戸田の方から「紫大緒」にすることを届け出ており、鶴捕獲＝「紫大緒」は定着していたと思われる。この三居の鷹は、千駄木組「巻紙調書」の「野先ニ而鶴捉飼可申御鷹」に分類されていた。

もう一つ、鶴関連では、鶴代・雁代調査が定期的に行われていたことが判明する。

享保期、それまで一時廃止されていた鷹狩が、吉宗の将軍就任に伴い再開された。御拳場と呼ばれる江戸廻りの鷹場は、葛西・岩淵・戸田・中野・目黒・品川の六筋に編成された。この筋単位で、鳥見による鶴代・雁代調査が行われたのである。

鶴代・雁代調査は、「水野忠成側日記」では八度の実施が確認できる。いずれも十月から十二月までのことで、半月ごとに行われた定期的調査であった。

この当時、鶴代・雁代は非常に多く、文化年間、江戸廻りの六筋には、実に百五十ほどの鶴代、千五百ほどの雁代が存在していたという。各筋別では、葛西筋が鶴代・雁代ともに多い。葛西筋では将軍家の鷹狩も非常に多く行われており、鳥見による鳥代調査報告に基づいての鷹狩であったと考えられる。

すなわち、渡り鳥の生息環境が多分に保持されており、それが将軍および鷹匠の鷹狩遂行を可能にしたのである。

第四章では、享保期における鷹匠同心の日記と、文化期における御鷹掛若年寄の日記を取り上げた。鷹匠同心は、鷹匠などとともに将軍の鷹を扱う専門技術者であり、鳥見などの幕府役人や鷹場に設定された地域の村人の動向などには触れていないが、彼らの支えがあればこそ、将軍の鷹狩は可能であった。常日頃から将軍鷹狩当日の本番に備えた準備を行っており、鷹を育て上げ、江戸の鷹部屋を拠点として南関東の各所で鷹を訓練していた。鷹を通じて将軍に奉公していた幕府役人であったのである。

一方、御鷹掛若年寄は鷹狩全般の責任者であった。二人の鷹匠頭を通じて、将軍所有の鷹の状態や鶴・雁の飛来状況を常に把握しており、鷹献上・上納の窓口となっていた。

註

（1）『大日本古記録　梅津政景日記』（岩波書店、一九五三～六六年）。
（2）『新訂寛政重修諸家譜』。
（3）『新訂寛政重修諸家譜』、国立公文書館内閣文庫所蔵「諸家系譜」。
（4）宮内庁書陵部所蔵「中山善大夫日記」（「日記」・「御鷹御用扣」・「務方覚」・「勤方日記」）。
（5）蘆田伊人編集校訂『新編武蔵風土記稿』第一巻（雄山閣、一九九六年）によると、雑司ヶ谷村の「御鷹部屋」は「構内凡九千八十八坪余」の規模で、「御鷹方組屋敷」は「広さ一万四千五百三十坪余」に及ぶという。また、豊島区立郷土資料館編『豊島区地域地図集』第五集（豊島区教育委員会、一九九二年）や秋山伸一「雑司が谷御鷹部屋に関する基礎的考察」（『生活と文化』第十六号、二〇〇七年）も雑司ヶ谷の鷹部屋について述べている。
（6）「職掌録」（『新訂増補史籍集覧』第十二冊、臨川書店、一九六七年）。
（7）『当代記・駿府記』。
（8）『新訂増補　国史大系徳川実紀』第一篇（吉川弘文館、一九六四年）。
（9）『大日本古文書　上杉家文書』。
（10）『内閣文庫所蔵史籍叢刊　教令類纂』（汲古書院、一九八二～八三年）。
（11）国立公文書館内閣文庫所蔵「柳営日次記」。
（12）「御鷹御献上」（弘前市立図書館『八木橋文庫』）。
（13）東京大学史料編纂所所蔵「水野忠成側日記」。

（14）上野国の御巣鷹山に関する研究に、中島明「『御巣鷹山』研究序説―山中領上山郷に例を求めて―」（『群馬県史研究』第二号、一九七五年）、須田努「山間地域（石高外領域）における『公儀』支配と民衆生活―御巣鷹山制度と御鷹見役をめぐって―」（『関東近世史研究』第二四号、一九八八年）、佐藤孝之「上州山中領における御巣鷹山と山林政策の変遷（上）」（『徳川林政史研究所研究紀要』第四二号、二〇〇八年）などがある。
（15）『武蔵野市史』資料編（一九六五年）。
（16）村上直・根崎光男『鷹場史料の読み方・調べ方』。
（17）宮内庁式部職編『放鷹』。
（18）注(17)に同じ。

おわりに――見え隠れする家康の姿

鷹と鶴

江戸時代の徳川将軍と鷹の関係について、四章にわたって様々な視点から述べてきた。彦根藩井伊家や弘前藩津軽家の大名家文書、御鷹掛若年寄や鷹匠同心の日記などを主な論拠としてきたが、大名にしても幕府役人にしても、将軍の意向・動向を常に気にかけていた。それに添うように尽力したわけで、将軍「御鷹」に翻弄されながらも、「御鷹」を任されることで将軍に奉公したのである。

将軍の「御鷹」は、①献上者（弘前藩津軽家など）から、②所有・使用者（徳川将軍）の手を経て、③拝領者（彦根藩井伊家など）に下賜されるなど、日本全国を飛び回った。①は②に忠誠を示し、②は③の功労をねぎらい、③は②に恩義を感じる、というように、将軍権威の顕示・高揚および全国支配に有効利用されたのが、この「御鷹」であった。忠誠・功労・恩義を示す礼物の象徴といえよう。

また、折に触れて記したが、鷹狩の獲物となった鶴は、非常に重視されていた。この鶴こそが、将軍の鷹狩における鍵を握っていたと考えられる。将軍所有の「御鷹」が捕獲した「御鷹之鶴」であり、将軍自らの拳から放たれた場合は「御拳之鶴」という。

ここで、鷹狩に伴う鷹と鶴の関係を拾い上げてみよう。

まず、ジョアン・ロドリーゲスが『日本教会史』に書き残しているように、近世初期の日本では「自家の鷹」で捕獲した鳥をもって、客人をもてなすのが習慣であった。その獲物の中で、最も珍重されていたのが鶴であった。「御鷹之鶴」の饗応である。

鶴を捕まえた鷹は、「鶴捉」と称せられた。その鷹は最高位に位置づけられ、鷹に結ぶ紐が「紫大緒」になるなど、視覚的にも格が上げられた。

この「鶴捉」は将軍が大名に与えることがあったが、誰もが拝領できたわけではない。そもそも鷹を拝領し得たのは、御三家や溜詰大名など、十家前後に限定されていた。その中でも「鶴捉」は御三家のみで、彦根藩井伊家の場合は「雁捉」と「鴨捉」という鷹を拝領した。

当時、鶴は神聖視されており、それを捕まえた「鶴捉」の鷹も尊重された。そのため、歳を重ねた「鶴捉」は、吉祥寺村にある幕府直轄の井ノ頭御林へ丁寧に放鳥される場合もあった。

また、将軍が行う鷹狩の中で、鶴の捕獲を目指した鶴御成も重視されていた。大型の鳥である鶴を捕まえるのは容易なことではなく、幕府鷹匠らも日々、飼養・訓練を積み重ねていた。個々の将軍によって鷹狩の頻度は異なるものの、「玄鶴能記」からもわかるように、十月から翌年一月頃にかけて、原則として年一回は将軍自身が鶴御成を実施している。そこでは、鷹匠だけではなく、将軍自らの

「御」手によって鶴を捕獲することもあった。

九代将軍家重の場合、その治世期前半は毎年、自ら鶴御成に出向いた。一方、治世期後半には行っていないが、世継ぎの家治がいわば代行する形で行っている。将軍家斉と世継ぎの家慶も同様であった。すなわち、将軍家として鶴御成を継続していたのである。

将軍自身が鷹狩を行い続けたのには、いくつかの理由がある。一つは前代・先例の継承である。綱吉から家継までの中断期はあったが、将軍家の鷹狩・鶴御成は毎年実施された。鷹狩は武士の嗜みの一つであり、それを廃止する積極的理由もなかったと思われる。

もう一つは、獲物の饗応である。ロドリーゲスが近世初頭に見たような慣行は、その後も継続された。将軍は大名を招き、「御鷹之鳥」の料理を振る舞った。料理ではなく、「御鷹之鳥」そのものを与える場合もあり、感涙するほどの嬉しさを感じる大名もいた。また、「御鷹之鳥」を大名屋敷で渡すために遣わされた幕府の上使は、将軍の名代であった。そのため、受けた大名側は丁寧に対応し、拝領物も丁重に取り扱った。上使も「御鷹之鳥」も上座に位置づけられたのである。

顔や姿は見えなくとも、「御鷹」や「御鷹之鳥」の背後にいるのは将軍である。それらは将軍の所有物であり、拝領する大名側は、見え隠れする将軍の姿を体感することとなった。「御鷹」には将軍の権威が付与され、その「御鷹之鳥」も同様に珍重されたのである。

将軍が鷹狩で特に鶴を求めたのは、先例と饗応、さらにもう一つ、天皇への鶴進献がある。天皇に鶴を進献する慣行は家康も行っており、以後の歴代将軍にも継承された。綱吉自身は鷹狩を実施していないが、幕府鷹匠らに捕獲させた鶴や諸大名に献上させた鶴を毎年贈り続けている。

武家社会というピラミッドの頂点に将軍が君臨し、大名の支配に鷹も利用されたわけだが、天皇も無関係ではなかった。特に将軍は「初鶴」、その年の最初に捕まえた初物の鶴を天皇に贈っていたのである。

こうした鶴の捕獲を遂行するには、鷹匠や鷹場の存在が重要であった。鷹匠は将軍の「御鷹」をそれぞれ預かり、病気の場合は薬療治を施すなどの処置を取った。江戸近郊の鷹場では、鶴が飛来する「鶴代」の調査を定期的に行っている。本書では特に取り上げなかったが、無断で鶴を殺生した者は厳しく罰せられた。

将軍の鷹狩の中心は鶴の捕獲にあったのであり、将軍と鷹（「鶴捉」の「御鷹」）と鶴（「御拳之鶴」）、この三者は密接に繋がっていたのである。そこでは、鶴を捕獲することを目的として、有能な鷹が必要不可欠であり、専門技術を有する鷹匠の存在価値も高まった。

原点は家康

そして、将軍の「御鷹」は、大名支配・統制にも利用された。

例えば、名鷹の出所地を領内に有する大名からは、定期的にそれを献上させた。献上する大名も固定され、献上数も定められた。それは、松前藩や奥羽諸藩が大半で、全国の名鷹が将軍のもとに集められている。将軍の権威が、鷹献上を通じて諸国へと伸びていたのである。献上する大名も名鷹の確保につとめ、決まった数を献上する努力を怠らなかった。

一方、将軍から鷹を拝領する者も固定化されていった。彦根藩井伊家当主もその一人で、拝領したのは狩猟実績のある大鷹であった。将軍への献上鷹が、その年生まれの若鷹であることと、非常に対照的であろう。献上された初物の鷹が、一度将軍の所有物となり、鷹狩で獲物を捕まえることによって実績が積まれ、大名が拝領する鷹となった。これは幕府の重鎮・顧問的な立場にいる大名のみが対象であり、彼らに対する将軍からの餞別として、功労の意味が込められていたのである。

さらに、その拝領鷹にもランクが設けられた。「鶴捉」「雁捉」「鴨捉」というもので、それぞれ鶴・雁・鴨を捕獲した鷹のことである。御三家と溜詰大名では、拝領する鷹が異なることを述べたが、いずれの鷹も拝領しない大名も数多く存在した。大名家格・序列のランクに、拝領鷹のランクが関連していた。将軍の大名支配に、献上や拝領などの形で鷹が利用されていたのである。

また、この拝領鷹のランクは、拝領後に献上する獲物のランクにも密接に関連した。「鶴捉」の鷹を拝領した場合は、鷹狩で捕獲した鶴を将軍に献上する必要があり、井伊家のような「雁捉」「鴨捉」の拝領者は雁と鴨の献上が義務付けられていた。鷹献上、鷹拝領、獲物献上はいずれも連動した行為であったのである。

その中で、鷹献上は季節とも関連する時献上であり、鷹拝領や獲物献上は参勤交代の帰国に伴うものであった。

鷹狩の獲物が料理として饗応に出されることも定例化していた。将軍は大名や幕府役人に振る舞っており、大名もその家臣への饗応を実施している。ここでも特に鶴が珍重されたが、鶴は滋養強壮・長寿の食材として認識されていた。

こうした将軍と鷹の関わりは徳川家康に原点を求めることができる。もちろん、家康もそれまでの為政者・権力者が行ってきたものを継承したわけであり、家康オリジナルの事象ではない。しかし、家康は全国統治を進める中で名鷹を定期的に献上させ、鷹狩を繰り返し行い、鷹の下賜や料理の饗応を実施するなど、システム化していった。以後の歴代将軍は、家康が行った鷹に関する諸事を踏襲する形で進めたのであった。

鷹や鷹狩に関して、喜悦あるいは激怒する家康の姿も興味深いものがある。家康は鷹・鷹狩好きとして知られているが、吉宗も鷹狩を繰り返し、家重や家治などの将軍鶴御成は毎年一、二度行われている。

将軍自らが行わなくとも大名の支配は可能であったが、鷹狩を行うことによって、獲物を捕獲することができ、鷹や獲物の下賜や饗応が可能となる。天皇への鶴進献などを含め、鷹に関係する贈答・饗応は欠くことができないものとなっていた。

また、全国には鷹狩を好む大名が多く存在した。彼らの所望・要求もあり、鷹の贈答は大名間でも行われた。将軍・大名の間では、鷹の需要度が高かったのである。

もう一つ、将軍と鷹の関係では、鷹狩を行う場所、鷹場も重要な継承事項である。家康は武蔵の葛西・川越・忍や、上総の東金などで何度も鷹狩を行い、成果を上げた。それは以後の将軍にも引き継がれ、同じ地域での鷹狩が実施された。将軍自身の鷹狩は、次第に日帰り可能な江戸近郊に絞られていくが、幕府の鷹匠は忍や東金などに派遣された。近世前期においては、関東・東海地域の各所に御殿(ごてん)や鷹部屋が設けられ、実際に機能していた。しかし、それらの多くはのちに廃止されていくが、鷹匠による鷹狩は継続され、それはかつて家康などの将軍が鷹狩を実施した地域であった。家康の行動を継承していくことが、歴代将軍のつとめであり、鷹匠がそれを代行する場合があったのである。

家康は江戸や駿府を離れた場所に一ヵ月間ほど滞在し、そこで鷹狩を繰り返すことがあった。鷹狩として関東・東海地域へ度々出向くことで、権力基盤であるこれらの地域の支配強化を目指したといえよう。家康時代ならではの行動である。

これに対し、家光や家綱の鷹狩は江戸からの日帰りであった。この時代には、関東・東海地域は幕府代官や譜代大名がそれぞれ支配する体制が確立した。一方、江戸近郊は最も重要な地域であり、そこでの鷹狩を継続し、獲物も贈答に利用したのである。将軍の「御鷹」も「御鷹之鳥」も、大名への下賜品となるなど、大名統制に活用された。

そして、綱吉は鷹狩を縮小・廃止する方針を取ったが、これは将軍権力がすでに確立した証左と見ることもできる。代行の鷹匠らによる鷹狩で済ませる体制ができあがり、江戸近郊であろうと、将軍自らが鷹狩を行わなくともよくなったのである。これは当時の倹約政策とも関連した方向性であった。

しかし、家継が幼くして死去するなど、将軍の権力が揺らぎを見せる。そこで登場したのが吉宗で、将軍就任当初から幕府創業時への復古政治を指向し、尚武の気運を重んじた。その一つが鷹狩の再開であり、これは幕府創業者である家康への憧憬の念もあり、即座に手が打たれた。鷹狩を行った場所や期間は家康時代ほどではなかったが、鷹狩に関する諸制度を整備し、安定した獲物の確保ができるような体制が敷かれていった。

さらに吉宗以降の歴代将軍も鷹狩を継続した。これは家康以来の伝統を引き継ぎ、吉宗が確立した体制を継承したものである。大名からの鷹献上を受け、また鷹や獲物を大名に与えるなど、将軍と大名の主従関係を継続・確認する上で有効かつ必要な行為であったのである。

こうして、徳川将軍は伝統的な行為である鷹狩とそこから派生する行為を、政治・支配システムの中に深く組み込んでいった。鷹や鷹狩は将軍権威の表徴となり、大名統制にも利用され、多様な面で格付が明示された。そして、家康の存在とその行動は非常に意義が大きく、家康が鷹狩を頻繁に行ったことは、幕府創業者への憧憬から、規模は異なるとはいえ歴代将軍の鷹狩継承を生み出し、鷹の献上や下賜、獲物の饗応などが展開されたのである。

また、鷹場や巣鷹山、あるいは農業の規制などを通じて、民衆も鷹と直接的・間接的な関係があり、身分・立場や地域を問わず、将軍の「御鷹」は近世社会の多くの人々と深く密接な関係を有していたのである。

鷹狩文化の継承

最後に、現代に引き継がれる鷹狩をめぐる文化について述べよう。

江戸時代は日本の鷹狩文化が最も花開いた時代といえるだろう。それは、これまで見てきたような古文書だけではなく、現存する絵画からも感じ取ることができる。例えば徳川家康肖像画の場合、家康の後方に鷹が描かれているものがある。家光や吉宗は、将軍自ら筆を加えたと伝えられる鷹絵も残されている。さらに鷹狩を廃止した綱吉でさえも鷹を描いており、それを側用人の柳沢吉保に与えている。鷹狩好きで知られる松江藩の松平斉斎の像は、その拳に鷹を据えたものである。

襖や屏風に描かれた鷹狩も多く、狩野探幽が描いた二条城二之丸大広間四之間の「松鷹図」は迫力ある絶品といえよう。探幽の祖父で、信長・秀吉の時代に活躍した狩野永徳による「洛外名所遊楽図屏風」を見ると、当時の京都でも鷹狩が行われていたことがわかる。

また、「江戸図屏風」には家光時代の武蔵鴻巣における鷹狩が描かれ、「将軍家駒場鷹狩図」は家治の鷹狩と推察される。久隅守景筆の「鷹狩図屏風」も壮大なもので、鷹が鶴を捕獲した場面も描写されている。

著名な葛飾北斎や安藤（歌川）広重にも作品がある。北斎は「肉筆画帖」、広重は「名所江戸百景駒場野」にそれぞれ鷹を描いた。「名所江戸百景　箕輪金杉三河しま」では鶴を描いているが、三河島辺りに鶴が飛来し、駒場野では鷹狩が行われていたわけで、それを広重のみならず江戸の庶民も熟知していたのである。

これまで、東京都では目黒区・大田区・足立区の博物館などで鷹狩を特集した展示が組まれ、狩野永徳や探幽の作品展にも鷹や鷹狩を描いたものが出品されてきた。今後も江戸時代の社会・文化を探る上で、鷹狩関係の絵画などが生かされていくことだろう。

一方、現在の地名にも、鷹狩に関連する歴史が表されている。

例えば東京都の三鷹市は、将軍家や尾張徳川家の鷹場村々が集まっている地域であることが地名・市名の由来となっている。秋田県の鷹巣町（現北秋田市）は、文字通り鷹の生息地があった。駅名では、千葉県に流山おおたかの森駅があるが、駅西方の森林にオオタカが生息しているため駅名に採用された。

鷹匠町も日本全国に散在している。たかじょうちょう、たかしょうまち、たかじょうまち、たかんじょうまち、という読み方の違いはあるものの、弘前・秋田・米沢・水戸・館林・金沢・松本・静岡・彦根・姫路・和歌山・松江・広島・高知・唐津・中津など、現在は消滅しているものも含め、非常に数多い。これらはいずれも、かつて城下町であったところで、城下の一郭に鷹匠が集住する町が形成されていた名残りであり、大名と鷹・鷹匠の緊密な関係を見ることができる。江戸の場合は、市谷鷹匠町（新宿区）が現在もあるが、小川町（千代田区）は綱吉時代の元禄六年（一六九三）に鷹匠町から改称した町名である。

また、鷹狩のためにつくられた施設に、御殿がある。葛飾区の小菅御殿、武蔵野市にある井の頭公園の御殿山、鴻巣市の鴻巣御殿、千葉市の御茶屋御殿、川崎市中原区の小杉御殿、平塚市の中原御殿などで、将軍が鷹狩を行う道中に休泊施設としての御殿が造営された。なかには、遺構の一部が残されているところもある。

ところで、鷹狩は決して過去のものではない。現在も引き続き行われている。伝統技芸としての放鷹術を未来に継承すべく、いくつかの組織が形成され、さまざまな活動を展開している。ニュースでも取り上げられるが、東京の浜離宮や京都の二条城などで、鷹狩の実演が定期的に開催されているのである。時代劇などのドラマや歴史を取り扱った番組などで、鷹を拳に据えた将軍や戦国大名の姿が映し出される場合があるが、そうした鷹も現代の鷹匠などが飼養しているものである。鷹を据えているだけで威厳を放つ雰囲気があり、イメージ映像に有効利用されているといえよう。

海外に目を向けると、多くの国々で鷹狩が現在も行われていることがわかる。以前に見たテレビ番組では、中東の石油王が四輪駆動車に乗りながら、レーダーで鳥の群れを探知し、鷹狩をするシーンが放映されていた。アラブ諸国の他、欧米各国にも鷹狩をしている国がある。例えば、アメリカの飛行場では、飛行機のエンジンに舞い込む鳥類を駆除するために鷹が使われている。世界中の至るところで、現在も鷹狩の技術が継承されているのである。

あとがき

〝勇壮〟。

二〇〇八年十一月二十二・二十三日、二日連続、しかも異なる場所で鷹狩の実演を見る機会を得た。〝勇壮〟は、両日の光景を目にした筆者の第一印象である。

一日目は長野県の諏訪湖畔、二日目は京都の二条城内において、それぞれ別の団体が鷹狩の技術を一般観衆に披露してくれた。いずれも七、八人の鷹匠によるもので、諏訪湖では男子高校生、二条城では女子小学生が、手慣れた動きで鷹を放っていたのが非常に印象的であった。観衆も惜しみない拍手を送り、鷹や鷹匠を撮影する機会も設けられ、執筆中の筆者にとっても非常に貴重な経験であった。

これが江戸時代、徳川将軍の鷹狩であったならば……。鷹匠だけではなく、帯刀した多くの家臣が将軍に随従し、馬や駕籠の行列が続くなど、〝勇壮〟というより〝緊迫〟といった雰囲気であっただろうと想像される。極めて権威性や政治性を帯びていたのが将軍の鷹狩であったといえよう。しかし、時代・環境や意味合いは異なっても、鷹狩という古代以来連綿と続く伝統技芸は、たしかに現代まで引き継がれている。

もう一つ、本書執筆中に初めて実見したものがある。今から三十年前、一九七八年にテレビ放映された『江戸の鷹　御用部屋犯科帖』という時代劇で、奇しくも二〇〇八年十一月から放映された再放送を見た方もいるだろう。筆者の場合は全話が収録されたDVDを入手したが、鷹匠組頭一人（三船敏郎）と鷹匠三人（中谷一郎・田中邦衛・田中健）による「お鷹組」が将軍家治（里見浩太朗）直属の探索機関として組織され、餌差一人（坂上二郎）や「お鷹」数居とともに、老中田沼意次（岡田英次）を始めとする悪と対立、退治するというストーリーが展開する。鷹は伝書や奇襲攻撃など、身をもって「お鷹組」の面々を助けていた。

同名のノベライズ作品も一九七八年に正・続二巻が刊行されているが、その著者池田一朗は脚本を担当した一人であり、『吉原御免状』『影武者徳川家康』『一夢庵風流記』などの小説家として知られる隆慶一郎の本名である。時代劇も小説もしっかりと描かれた作品で、鷹匠を主人公にした内容であること自体、筆者は素直に感動した。その上、「お鷹」も「お鷹組」も将軍との結びつきが最重要事項となっている。フィクションとノンフィクションの違いはあるが、本書で見てきた「徳川将軍」と「御鷹」の関係に通底するものがある。

ところで、筆者が将軍の鷹狩に興味を持ったのは大学四年生の春、卒業論文のテーマを考えていた頃に遡る。小中高と過ごした千葉県の歴史に関することを取り上げようと考え、図書館へ足を運んだ。そこで開いた書籍の多くが、家康をはじめとする徳川将軍が千葉県域で鷹狩を行っていたことに触れていた。この史実に驚きを覚え、そのまま将軍の鷹狩をめぐる諸事を卒論のテーマに選び、大学院進学後も将軍や大名の鷹狩に関する研究を続けることとなったのである。

そして、いくつかの研究論文を発表し、博士号の学位取得後、校倉書房から『近世武家社会の儀礼と交際』を二〇〇六年五月に刊行した。その第一部には、鷹狩に関する論考を収めている。

それから一年半後の二〇〇七年十一月、講談社選書出版部副部長の佐々木啓予さんから、「鷹と将軍」に関する本をメチエに書いてみませんか、とのお手紙をいただいた。中央大学大学院時代の指導教授である森安彦先生は『古文書を読もう』、東京大学史料編纂所特別研究員ＰＤ時代の指導教授である山本博文先生は『対馬藩江戸家老』を出されているが、私にとってメチエ執筆は遠い存在でしかなかった。今でも手紙を見ながら妻と驚いたことを思い出すが、拙著について「なによりお書きになっている文章がとても読みやすく、感心致しました」と書かれてあった。直接お会いした際にも、「専門外の私でも読みやすく、わかりやすかったので、お話を差し上げました」と、心地良い言葉を下さった。ほぼ同時期に講談社現代新書『遠山金四郎』の執筆依頼があり、二冊が重なるというハードスケジュールにもかかわらず、機会を与えていただけた嬉しさだけで書き終えることができたと思う。

その佐々木さんや職場の方々、また日頃支えてくれる家族にも感謝の意を表しておわりとしたい。

二〇〇九年三月二十八日

岡崎寛徳

補論　徳川家康最後の鷹狩

以心崇伝の記録

本書の刊行後、徳川将軍の鷹狩に関する講演依頼をしばしば引き受けた。その際、本論で詳述していない内容に触れることがある。徳川家康が行った最後の鷹狩がその一つで、これは家康の最期にもかかわる面を持つ。「補論」では、家康最後の鷹狩について取り上げたい。

論拠とするのは、以心崇伝（いしんすうでん）による記録である。崇伝は臨済宗南禅寺金地院（こんちいん）の僧侶で、家康の側近としても知られている。家康晩年の慶長十五年（一六一〇）から、将軍家光時代の寛永十年（一六三三）に至る日記が現存しており、『本光国師日記（ほんこうこくしにっき）』（『新訂版本光国師日記』続群書類従完成会、一九六六〜七一年。本稿では特に第三巻〈一九六八年〉を用いる）として活字化されている。崇伝が日々の出来事を書き留めているなかで、家康の動向について遠く離れている人々へ知らせる書状を日記に書写しており、その内容がとても興味深い。

元和二年（一六一六）、家康は駿府（すんぷ）に滞在し、崇伝も同様であった。『本光国師日記』に収められている、崇伝の書状を中心に、家康の鷹狩をめぐる動向を追ってみよう。

元和二年の鷹狩

その年の正月二日、崇伝は京都所司代の板倉勝重に対して、家康が鷹狩のため七日に「中泉」へ行き、「三州吉良」まで向かう意思のあることを伝える書状を記した。同月四日の書状はさらに具体的で、七日にはまず「田中」、そこから「中泉」に渡り、様子によって「吉良」へ行くというのが家康の思いであるが、「中泉」から駿府に戻るかもしれないという。

六日の書状によると、家康は前日の五日に駿府「近所」で鷹狩をして「御機嫌」であったが、七日からの予定が延期となった。伊豆三島の泉頭に建設する家康隠居所の「御縄張御鍬初」が十九日に計画されたことが、延期の理由であったと思われる。家康が十五日または十七日に駿府を出発して泉頭へ向かう、という準備も進められた。

しかし、この隠居所建設は中止することが十三日に決定する。駿府の竹腰正信屋敷から清水が湧き出て、そこに隠居所を新たにつくることへと変更されたためである。泉頭十四日の板倉勝重宛書状によると、家康は十三日に駿府の「近所」で日帰りの鷹狩を行った。泉頭の中止が正式決定した同日である。

そして同月二十一日、家康は駿府から西へ向かい、駿河「田中」で鷹狩を実施している。息子の頼宣（駿府藩主、のち和歌山藩主）と頼房（水戸藩主）を同道させてのことで、勝重の息子である板倉重昌も家康に供奉している。崇伝から見て「御息災」であった家康は、田中から遠江中泉や三河吉良へと渡り、鷹狩を続けることを心待ちにしていたと推測する。

ところが、その日の夜、家康は急病となる。連絡を受けた崇伝は駿府から田中に駆け付け、大事に至らず「御本腹」となった家康の姿に安堵している（リチャード・コックスが記した日記〈東京大学史料編纂所編『イギリス商館長日記』訳文編之上、東京大学出版会、一九七九年〉には、「皇帝（家康）は鷹狩りの途上彼の馬から落ちたため重態であり、そのため誰ひとり彼と話すことが許されない」という噂が書き留められている。『本光国師日記』にそうした内容は記されていないので、事実ではないだろう）。

四日後の二十五日、家康は駿府に戻る。同日に崇伝が江戸年寄衆に送った書状によると、「還御之路次」すなわち田中から駿府への帰路において家康が鷹狩を行っている。それほど快復したのであるが、これが家康自身の最後の鷹狩となった。家康に近侍していた医師片山与安（宗哲）の系譜（『新訂寛政重修諸家譜』第五、続群書類従完成会、一九六四年、三六八頁）からも、田中から駿府へ戻る際に家康が鷹狩をしていたことがわかる。

以上のように、家康は元和二年（一六一六）正月において、五日と十三日の駿府「近所」、二十一日の「田中」、二十五日の駿府に戻る「路次」と、鷹狩を四回実施したのである。

鷹と獲物

家康はこれらの際に、（1）どこを出所地とする鷹を用いていたのか。（2）その鷹は誰が飼い慣らしたのか。（3）捕獲した獲物は何で、（4）誰に振る舞ったのであろうか。『本光国師日記』には明記されていないが、本書で明らかにしてきた点から想像することは可能であろう。

まず（１）鷹の出所地については、前年にあたる「駿府記」（『当代記・駿府記』続群書類従完成会、一九九五年）元和元年（一六一五）九月十日の記事に着目したい。この日、秋田の佐竹義宣、仙台の伊達政宗、山形の最上家親が家康に大鷹を献上し、駿府で披露されている。家康が最後の鷹狩を行った四ヵ月前のことであり、これらを用いたのかもしれない。

次に、（２）は小栗忠左衛門久次が鷹関係の統括責任者であったと思われる。『本光国師日記』の元和二年正月八日に崇伝が板倉勝重へ宛てた書状の写しには、「田中辺へ小栗忠左被遣由に候」とある。前日の七日に予定されていた家康の鷹狩は中止されたが、小栗が鷹狩予定地であった田中に派遣されているのである。この小栗は鷹匠頭の役割を担っており（『新訂寛政重修諸家譜』第八、一九六五年、三六二頁）、そのもとで駿府に詰めていた鷹匠たちが、家康に献上された鷹を飼い慣らして、本番に備えていたと考えられる。

そして、（３）の獲物は鶴・雁・鴨などであろう。元和二年における四回の鷹狩後、家康はいずれも「御機嫌」であったことを、側近くにいた崇伝が認識している。鷹狩の主目的は鶴の捕獲であり、数多くの成果があった際に家康は極めて喜悦していたことは前述した通りである。ただ、吉良に出向いていないので、元和二年の獲物に鶴は含まれていない可能性もある。

最後の（４）家康が獲物を振る舞った相手は、駿府で近侍していた者たちと推測できる。当時、息子の頼宣・頼房が駿府におり、本多正純(まさずみ)・安藤直次(なおつぐ)・松平正綱(まさつな)・秋元泰朝(やすとも)・板倉重昌らが常日頃から家康の側近くに仕えている。医師の片山与安や半井驢庵(なからいろあん)も近侍していた。当時は、伊勢津藩主の藤堂高虎(たかとら)も駿府に滞在中であった。殺生禁断思想の関係から、僧侶の天海(てんかい)や崇伝は振る舞いの対象から外れているかもしれない。

長命であれば

さらに想像力を豊かにしてみよう。

家康は田中での鷹狩を終えた正月二十一日に体調不良となり、二十五日に駿府へ戻った後は、食事が細くなったり、快復に向かったりを繰り返した。そして、三ヵ月後の元和二年（一六一六）四月十七日に死去した。

もし、家康がさらに長命であったなら、鶴をはじめとした渡り鳥が飛来する十一月頃から二月頃まで、毎年鷹狩に出向いたことは想像に難くない。そうした場合、家康の鷹狩実施場所としてどこが選ばれたであろうか。

これまでの経緯や捕獲実績を考慮すれば、駿府近郊や駿河田中、遠江の中泉、そして三河の吉良へと足を運んだと思われる。関東でも東海でも、家康が長期滞在する鷹場は限定されていたのである（拙稿「家康・秀忠・家光と多摩地域の将軍家鷹場」松尾正人編著『多摩の近世・近代史』中央大学出版部、二〇一二年）。慶長十七年（一六一二）正月に吉良で鷹狩を行った家康が、捕獲した鶴を後水尾(ごみずのお)天皇や後陽成上皇に進献している前例もある。長命であれば、毎年正月七日頃から駿府・田中や吉良などで鷹狩を繰り返し、獲物を朝廷に贈ることが恒例の吉祥行事として続いていたであろう。

家康の病状

家康最後の鷹狩は元和二年（一六一六）正月二十五日、田中から駿府に戻る「路次」であった。『本光国師日記』に書写されている崇伝の書状から、それ以降の家康の様子を列記してみよう。

正月二十六日　快気
正月二十九日　快気／食事少し
正月晦日　快気／食事少し／薬を服用せず／痰が少し出る
二月二日　食事少し／薬を服用／江戸から急行した秀忠と対面
二月四日　納豆汁を食す／朝晩に食事
二月七日　快気
二月二十二日　食事せず
二月二十三日　食事あり
二月二十九日　食事少し／前日より少し咳が出る／煎薬を服用
三月四日　食事せず
三月十七日　胸の痛みが治る／粥を少し食す／太政大臣任命

三月二十一日　粥や湯漬を数日間少し食す
三月二十七日　湯漬、粥、葛のすいとんを食す
三月二十八日　虫痰が治る／食事せず／寛中散の煎薬を服用
三月晦日　食事せず
四月二日　本多正純、天海、崇伝に遺言を言い渡す
四月四日　しゃっくり、痰、熱があり苦痛の様子
四月六日　粥を五回食す
四月九日　粥、葛餅を少し食す／晩に少し吐瀉
四月十日　粥を食す
四月十一日　以降は食事一切せず
四月十七日　他界

駿府に戻った家康は快復傾向にあり、二月二日に江戸から駆け付けた将軍徳川秀忠も安心している。一ヵ月後の三月四日から不調となるが、十七日に再び持ち直した。この三月十七日は家康が太政大臣に任じられた日であり、崇伝によると家康は「御験気（元気）」な様子であった。拝任の嬉しさにより、気力で快復したかのように思われる。食事を続けられるほど快復した三月二十一日、崇伝は家康がきっと「御本腹」するだろうと期待している。

しかし、三月末から悪化し、家康は四月二日に苦悶しながら遺言を残した。崇伝は皆落涙したことを板倉勝重に伝えている。

巷間、家康の死因を鯛の天ぷらを食したことに求める話が出回っている。その根拠となっているのは「古老物語」（山下熈庵『古老物語　遠江の郷土雑筆』昭和堂書店、一九五五年）あるいは「元和年録」（『内閣文庫所蔵史籍叢刊』六五巻、汲古書院、一九八六年）という史料である。ところが、記述内容を検証すると、いずれも信憑性の疑わしいことがわかる。

まず「古老物語」では、後藤庄三郎光次（みつつぐ）が京都から家康のもとに来たとあるが、当時の後藤は江戸に滞在していた。また、家康が鷹狩で逗留していた「遠州横須賀城」で対面し、鯛料理をすすめたとあるが、家康の逗留先は前述のごとく駿河田中である。

一方の「元和年録」は、京都から来たのは茶屋四郎次郎で、鷹狩先の田中で家康に鯛料理を紹介したとしている。しかし、『本光国師日記』を見ると、「中四郎次」と記されている茶屋は、駿府に来ていたが、田中までは同行していないと思われる。さらに「元和年録」は、茶屋のすすめる鯛料理により家康が不調となり、薬の服用をめぐって医師の片山与安が家康から立腹されたと記す。片山は流罪処分を受けるが、それは一ヵ月ほど先の別件である。

二つの史料では、家康の居場所が異なり、鯛料理をすすめた人物も違う。そうなると、鯛料理を食したこと自体にも疑いの目を向けた方が良い。家康の動向や病状を細かく記している崇伝が、鯛料理のことに何も触れておらず、後藤も茶屋も処罰を受けていない。

家康の霊柩と鷹

最後に、死没翌年の家康と鷹をめぐる逸話を紹介して終えることにしたい。『徳川実紀』（『新訂増補国史大系　徳川実紀』第一篇、吉川弘文館、一九六四年）に次のことが記載されている。

御在世のときさばかり鷹を愛せられしをもて。元和三年四月霊柩を久能より日光へ移し奉り。はじめて御祭祀行はれし時。行列の内に鷹の造物十二据を二行に立。御生前に御手にならされし鷹二聯を。鷹師二人して据しめ。御宮の前に至る時これを放しむ。

家康は在世時に鷹を愛好していたので、元和三年（一六一七）に駿河久能山から下野日光への霊柩を移す祭祀が執行された際、その行列に造物の鷹十二居を立たせた。さらに、生前の家康が実際に鷹狩で用いたことのある鷹二居を、鷹匠が拳に据えて御宮前で放鳥したという。

この時に放鳥（自然に帰す行為）された鷹は、東北などの大名が家康に献上し、鶴を捉えた実績のある愛用の鷹であった可能性が高い。鷹匠は駿府で近侍していた者がふさわしい。

最期を迎える直前まで鷹狩を繰り返し行い、鷹狩を好んでいたことを周囲からも認識されていた家康にふさわしい逸話であろう。

（半蔵門ミュージアム主任学芸員）

本書の原本は、二〇〇九年に講談社より刊行されました。

著者略歴
一九六九年　岐阜県に生まれる
一九九三年　中央大学文学部卒業
二〇〇二年　中央大学大学院博士後期課程修了
現在、半蔵門ミュージアム主任学芸員、博士（史学）

〔主要編著書〕
『近世武家社会の儀礼と交際』（校倉書房、二〇〇六年）、『遠山金四郎家日記』（編著、岩田書院、二〇〇七年）、『改易と御家再興』（同成社、二〇〇七年）、『遠山金四郎』（講談社、二〇〇八年）、『人をあるく　徳川吉宗と江戸城』（吉川弘文館、二〇一四年）

鷹と将軍
徳川社会の贈答システム

二〇二四年（令和六）四月一日　第一刷発行

著　者　岡崎寛徳（おかざきひろのり）
発行者　吉川道郎
発行所　株式会社　吉川弘文館
郵便番号一一三—〇〇三三
東京都文京区本郷七丁目二番八号
電話〇三—三八一三—九一五一〈代表〉
振替口座〇〇一〇〇—五—二四四
https://www.yoshikawa-k.co.jp/
組版＝株式会社キャップス
印刷＝藤原印刷株式会社
製本＝ナショナル製本協同組合
装幀＝渡邉雄哉

ISBN978-4-642-07535-0

刊行のことば

現代社会では、膨大な数の新刊図書が日々書店に並んでいます。昨今の電子書籍を含めますと、一人の読者が書名すら目にすることができないほどとなっています。ましてや、数年以前に刊行された本は書店の店頭に並ぶことも少なく、良書でありながらめぐり会うことのできない例は、日常的なことになっています。

人文書、とりわけ小社が専門とする歴史書におきましても、広く学界共通の財産として参照されるべきものとなっているにもかかわらず、その多くが現在では市場に出回らず入手、講読に時間と手間がかかるようになってしまっています。歴史の面白さを伝える図書を、読者の手元に届けることができないことは、歴史書出版の一翼を担う小社としても遺憾とするところです。

そこで、良書の発掘を通して、読者と図書をめぐる豊かな関係に寄与すべく、シリーズ「読みなおす日本史」を刊行いたします。本シリーズは、既刊の日本史関係書のなかから、研究の進展に今も寄与し続けているとともに、現在も広く読者に訴える力を有している良書を精選し順次定期的に刊行するものです。これらの知の文化遺産が、ゆるぎない視点からことの本質を説き続ける、確かな水先案内として迎えられることを切に願ってやみません。

二〇一二年四月

吉川弘文館

読みなおす
日本史

- 境界争いと戦国諜報戦　盛本昌広著　二二〇〇円
- 邪馬台国をとらえなおす　大塚初重著　二二〇〇円
- 百人一首の歴史学　関　幸彦著　二二〇〇円
- 江戸城　将軍家の生活　村井益男著　二二〇〇円
- 沖縄からアジアが見える　比嘉政夫著　二二〇〇円
- 海の武士団　水軍と海賊のあいだ　黒嶋　敏著　二二〇〇円
- 呪いの都 平安京　呪詛・呪術・陰陽師　繁田信一著　二二〇〇円
- 平家物語を読む　古典文学の世界　永積安明著　二二〇〇円
- 坂本龍馬とその時代　佐々木　克著　二二〇〇円
- 不動明王　渡辺照宏著　二二〇〇円
- 女人政治の中世　北条政子と日野富子　田端泰子著　二二〇〇円
- 大村純忠　外山幹夫著　二二〇〇円
- 佐久間象山　源　了圓著　二二〇〇円
- 源頼朝と鎌倉幕府　上杉和彦著　二二〇〇円
- 近畿の古墳と古代史　白石太一郎著　二四〇〇円
- 東国の古墳と古代史　白石太一郎著　二四〇〇円
- 昭和の代議士　楠　精一郎著　二二〇〇円
- 春日局　知られざる実像　小和田哲男著　二二〇〇円
- 伊勢神宮　東アジアのアマテラス　千田　稔著　二二〇〇円
- 中世の裁判を読み解く　網野善彦・笠松宏至著　二五〇〇円
- アイヌ民族と日本人　東アジアのなかの蝦夷地　菊池勇夫著　二四〇〇円
- 空海と密教　「情報」と「癒し」の扉をひらく　頼富本宏著　二二〇〇円

吉川弘文館
（価格は税別）

石の考古学　奥田　尚著　二二〇〇円

江戸武士の日常生活　素顔・行動・精神　柴田　純著　二四〇〇円

秀吉の接待　毛利輝元上洛日記を読み解く　二木謙一著　二四〇〇円

中世動乱期に生きる　一揆・商人・侍・大名　永原慶二著　二二〇〇円

弥勒信仰　もう一つの浄土信仰　速水　侑著　二二〇〇円

親　鸞　煩悩具足のほとけ　笠原一男著　二二〇〇円

道と駅　木下　良著　二二〇〇円

道　元　坐禅ひとすじの沙門　今枝愛真著　二二〇〇円

江戸庶民の四季　西山松之助著　二二〇〇円

「国風文化」の時代　木村茂光著　二五〇〇円

徳川幕閣　武功派と官僚派の抗争　藤野　保著　二二〇〇円

鷹と将軍　徳川社会の贈答システム　岡崎寛徳著　二二〇〇円

江戸が東京になった日　明治二年の東京遷都　佐々木　克著　（続　刊）

女帝・皇后と平城京の時代　千田　稔著　（続　刊）

吉川弘文館
（価格は税別）